周笑盈 著

古籍新型数字资源的建设模式与传播路径

人民日报出版社

北京

图书在版编目（CIP）数据

古籍新型数字资源的建设模式与传播路径 / 周笑盈
著. -- 北京：人民日报出版社，2025.4. -- ISBN 978-
7-5115-8711-4

Ⅰ. G255.1-39

中国国家版本馆CIP数据核字第2025NA0646号

书　　名：古籍新型数字资源的建设模式与传播路径
　　　　　GUJI XINXING SHUZI ZIYUAN DE JIANSHE MOSHI YU CHUANBO LUJING

著　　者：周笑盈

出 版 人：刘华新
责任编辑：刘　悦
封面设计：中尚图

出版发行：人民日报出版社
社　　址：北京金台西路2号
邮政编码：100733
发行热线：（010）65369527　65369846　65369509　65369512
邮购热线：（010）65369531
编辑热线：（010）65363105
网　　址：www.peopledailypress.com
经　　销：新华书店
印　　刷：三河市中晟雅豪印务有限公司
法律顾问：北京科宇律师事务所（010）83632312

开　　本：710mm × 1000mm　1/16
字　　数：136千字
印　　张：9.5
版次印次：2025年4月第1版　2025年4月第1次印刷

书　　号：ISBN 978-7-5115-8711-4
定　　价：49.00元

前　言

中华文明源远流长。我们伫立在中华文明的岁月星河，一部部古籍文献串联起五千多年中华文明演进的历史脉络。做好古籍工作，把祖国宝贵的文化遗产保护好、传承好、发展好，对赓续中华文脉、弘扬民族精神、增强国家文化软实力、建设社会主义文化强国具有重要意义。中华优秀传统文化是夯实中国式现代化的文化根基，古籍智慧化服务为实现中国式现代化付出应尽之力，数智技术已成为古籍智慧化服务的重要范式。在社会信息化、数字化深刻转型的背景下，利用现代数字技术对古籍文献进行采集、整理、挖掘、组织与呈现，以高品质的古籍数字内容讲好中国故事、传播好中国声音，是新时代传承中华优秀传统文化的基本要求，更是中国式现代化在文化领域的基本要求。在数智融合环境下，古籍数字活化顺应了现代古籍阅读供求关系平衡、知识传播升级、服务模式突破的要求。

目前，国内古籍数字活化的研究重点集中在以下四个方面：一是古籍生态体系建设，横向重点关注古籍数字保护方法，纵向重点关注古籍保护的技术路线；二是古籍资源内容建设，既包括古籍文字库、图片库、视频库建设，又包括通用性的数字平台和工具开发；三是古籍数字化过程中的特殊问题处理，如怎样保证数字化内容的准确完整、多数字版本的汇集、古籍特殊结构和多字义的处理等；四是古籍阅读推广服务，主要关注古籍的大众化传播和专业知识服务两个方向。

近年来，在数字技术的支持下，古籍的数字建设、内容融合与活化传播成效显著。然而，受到内容挖掘深度、技术应用水平、宣传推广渠道、标准规范程度等多种因素的制约，古籍利用率和公众参与度仍有待提升。本书梳理出虚拟现实古籍活化利用的四大困境：一是文化 IP 的开发亟须破壁创新，二是古籍与新技术的深度融合需要加强，三是古籍大众传播的快餐化、同质化问题有待解决，四是古籍知识内容标引的规范化程度亟待提高。

本书基于对虚拟现实、增强现实、混合现实、扩展现实、元宇宙等技术在古籍数字活化中的实践应用，提出数据驱动的古籍数字内容建设、场景驱动的古籍知识内容服务和受众驱动的古籍全样态呈现三种建设模式。

数据驱动的古籍数字内容建设模式，细分为古籍数字采集与加工，以及古籍数字修复与整理。一方面，垂直细分领域的古籍数字化建设已成趋势，通过建立专业的数据库集群，打造系列产品，可以为学者和研究人员提供更多的文献数据支持；另一方面，建设一个具有权威性、通用性、公益性的古籍数字化资源总平台成为古籍数字化建设的重要方向，其目标是建设覆盖全国、统筹利用、统一接入的"一站式"古籍数字资源枢纽体系。

场景驱动的古籍知识内容服务模式，细分为知识内容的细粒度标引和知识图谱的可视化展示。知识内容的细粒度标引从两方面入手：一方面，利用内容增值技术，提取不同类型、不同颗粒度的古籍文献内容，整合构建古籍知识内容网络；另一方面，利用数据增强技术，围绕古籍的年代、编撰者的籍贯、古籍的收藏地等进行关联，为研究者全面了解古籍的版本及版式信息提供关联资料，帮助其考察版本的源流，理清古籍的流变脉络。知识图谱的可视化展示通过本体建模与知识抽取、知识图谱的存储和在数字人文环境中应用，构建古籍知识全域图谱，为专业人员提供深层次的知识挖掘和知识重组服务。

受众驱动的古籍全样态呈现模式，细分为构建古籍新媒体传播矩阵和打造古籍沉浸式感知体验。构建古籍新媒体传播矩阵通过"媒介扩展＋全域覆盖"方式构建融媒时代古籍新型传播矩阵，让古籍的大众化传播有温度、有质感，充分借助新兴媒体来扩大影响力，让古籍内容"听得见""带得走""学得来"。打造娱乐休闲的轻量化阅读场景，开拓线上的传播渠道，开发线下的游戏活动，实现全民阅读的纵深发展，增强全民的文化认同。打造古籍沉浸式感知体验将"沉浸感知＋景观呈现"的古籍虚拟体验作为品牌亮点。例如，利用数字孪生技术，在虚拟空间内建立包括人、物品、环境等要素在内的动态孪生体；利用虚拟原生技术，打造抽离现实世界的虚拟空间和虚拟数字人，形成全沉浸式虚实交互的闭环。

本书从内容、技术、传播、配套四个角度分析古籍活化利用的行动方法。一是 IP 挖掘，打造特色情感交互体验，既要打造古籍特色话语体系，又要借势新的文化语境花式圈粉。二是重点技术突破，加速产品开发落地，一方面要推动古籍关键技术研发与应用，另一方面要助力古籍与人工智能技术的结合。三是内容独创，推动系列文化品牌推广，既要促进古籍跨界合作生态建设，又要打造有个性的古籍品牌形象。四是顶层设计，部署古籍工作发展方向，包括强化基础设施与配套体系建设和加强古籍数字确权与交易监管。

本书选取国家图书馆"永乐大典"和"中华传统文化百部经典 VR"作品为例，以中华传统文化古籍的全景化呈现作为重点研究对象，分析该作品的创作思路，从场景设计（空间、建筑、物品）、视觉设计（造型、动态）、内容设计（主题、元素）等角度分析可视化虚拟再现历史时空方法，提出利用虚拟现实技术实现古籍特藏全景呈现与传播的核心要点：历史的真实还原、舒适的用户体验感、生动性与深刻性结合、民族情感记忆的唤起。

本书以古籍类短视频为例，分析古籍数字作品的影响因素和传播逻辑，从短视频平台选取合适的多样本案例，采用定性比较分析的实践研究方法，分析古籍类短视频的关键构成要素及条件组态要素，理解古籍类短视频的生产与传播实践，并试图探索更深层次的社会文化结构关系。

目　录

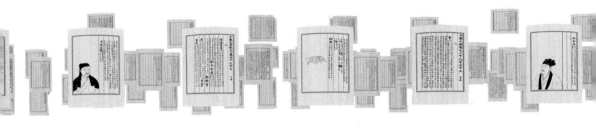

绪　论

一、政策支持

古籍是传承中华文明的重要载体，是凝结古圣先贤思想的宝藏和结晶，也是中华民族赖以维系的精神纽带，保留着中华民族最深层次的传统记忆。据不完全统计，我国现存古籍约 19 万种，其中仅保存在公共图书馆系统的就有 2750 万册，可列入善本的约 250 万册[1]。古籍的开发和利用是一项事关中华优秀传统文化传承发展的基础性、全局性和战略性工作。近年来，全球数智化的浪潮不可逆转地席卷了整个人类文明，这也为传统的古籍研究和服务带来了新的发展机遇。在社会信息化、数字化深刻转型的背景下，对数字化古籍文献等宝贵文化遗产中所蕴含的丰富文化元素进行整理、挖掘、组织与利用，是担负起新时代文化使命的重要要求，更是增强中华文明传播力与影响力的重要手段。

（一）中华优秀传统文化是夯实中国式现代化的文化根基

中华优秀传统文化是中华文明的智慧结晶和精华所在，是中华民族的根和魂，是我们在世界文化激荡中站稳脚跟的根基。中国式现代化，深深植根于中华优秀传统文化，体现了科学社会主义的先进本质。习近平总书记在文化传承发展座谈会上的重要讲话中指出，在五千多年中华文明深厚基础上开辟和发展中国特色社会主义，把马克思主义基本原理同中国具体实际、同中

---

[1]　邹婉芬 . 开展社会教育促进文化传承——图书馆参与"中华优秀传统文化传承发展工程"的路径探讨 [J]. 高校图书馆工作，2020，40（04）：87—90.

华优秀传统文化相结合是必由之路。[1] 其结果是互相成就，造就了一个有机统一的新的文化生命体。"第二个结合"让马克思主义成为中国的，中华优秀传统文化成为现代的，让经由"结合"而形成的新文化成为中国式现代化的文化形态。

习近平总书记在文化传承发展座谈会上着重就"两个结合"特别是"第二个结合"作了全面论述，开创性地提出中华文明具有的连续性、创新性、统一性、包容性、和平性等五个突出特性。这些论断为传承中华文明提供了根本指引，必须坚定不移地坚持和推动"第二个结合"，为我们在更深层次上理解历史中国、认识现实中国、把握未来中国提供了思想指引、精神力量。习近平总书记在文化传承发展座谈会上的重要讲话，深刻阐释了中华优秀传统文化的时代价值，系统论述了中华文明的突出特征，精准擘画了建设文化强国的宏伟蓝图，为我们做好新时代古籍智慧化服务指明了方向和路径。

（二）古籍智慧化服务为实现中国式现代化付出应尽之力

2022 年 4 月，中共中央办公厅、国务院办公厅印发《关于推进新时代古籍工作的意见》和《关于推进实施国家文化数字化战略的意见》，对古籍资源及中华优秀传统文化相关工作提出了更高的要求，如加强古籍资源管理和开放共享、关联形成中华文化数据库、共建文化数据服务平台、建设文化计算体系等。2022 年 11 月，全国古籍整理出版规划领导小组印发《2021—2035年国家古籍工作规划》，对全国古籍工作重点方向、重点任务和重点工程项目作出规划部署。例如，重点实施《永乐大典》、敦煌文献系统性保护整理出版工程，中华版本传世工程（古籍部分）和国家古籍数字化工程等。如何实现高质量的古籍数字化建设、提高古籍资源的利用效率、提升资源互联共享服务能力、挖掘和丰富的古籍文化价值，成为推进新时代古籍工作的重要任务。

---

[1] 习近平. 在文化传承发展座谈会上的讲话 [J]. 求是，2023（17）：4—11.

（三）数智技术是推动古籍智慧化服务的重要方式

现代信息技术的不断升级迭代，是推动古籍数字化开发和利用进程的强大助力。数智技术带来了古籍研究方法学的进步，不仅有利于古籍资料的查询和获取，更方便了古籍知识的存储、传播、获取和利用[1]。在古籍文献的汇聚共享、数字加工、开发组织与服务利用等诸多方面，图书馆都承担着重要的职能。实现古籍资源的智慧化服务、共建全国智慧图书馆体系，是当前图书馆行业最重要的任务之一。随着数智技术理论和方法体系的不断完善，借助数智技术来实现古籍数字内容增值、提升古籍数字产品服务质量，可以有力推动我国古籍工作的数字化转型升级。古籍的智慧化服务是传承中华优秀传统文化不可或缺的关键基础设施建设，也为实现中国式现代化贡献力量。数字人文技术承载着现代数智技术的发展浪潮，为古籍研究与普及提供了一种全新的思路，面对国家文化数字化战略的深入推进，各行业、各部门都应当以奋发有为的姿态，主动谋划，积极参与。

二、内生动力

（一）古籍阅读供求关系平衡的要求

从供给侧看，古籍文献的保护既需要考虑古籍材质的耐久性，还要考虑光照、空气、温度与湿度等因素对古籍的外界伤害，加之古籍收藏单位的软硬件水平存在差距，古籍保护经费持续投入不足，古籍阅读的供给侧面临多重难题。

从需求侧看，普通读者阅读古籍主要在内容获取、古文字理解、背景知识、检索方法和阅读兴趣等方面存在问题。大规模古籍数据库的建设实现了跨时空的古籍阅读，一般具备数据库检索、异体字转换、繁简体转换、古籍原图

---

[1] 陈涛，苏日娜，张永娟，等 . 智慧数据驱动的古籍智慧性保护体系研究 [J]. 中国图书馆学报，2023，49（01）：68—81.

片与文言文对照、在线字典、注释、背景音乐与背景、横排与竖排调整等功能。但鸿篇巨制的古籍文献一般仅有部分专业人士可以读懂，普通读者由于缺乏背景知识和语言知识，阅读效率和知识吸收转化仍存在一定困难，这也降低了普通读者直接接触古籍的机会。

（二）古籍知识传播升级的要求

知识交流方式的升级。借助新媒体平台，古籍知识交流更加多元化和具象化，知识交流的方式也开始突破空间、时间和语言的阻碍，数据开源、内容共享、人人互联，古籍知识交互的边界不断拓展。在虚拟时空中，知识传播的方式也在发生蝶变，从单一的视觉输入，到眼、耳、鼻、舌、身、意境等多种感官的输入，知识接收的场景开始拓展到生产、生活、消费、社交等各个领域。

知识交流内容的升级。阅读载体开始从二维的文本形态向三维的立体形态转变，通过构建起共享、沉浸、线上线下相融合的新型社交圈层关系网络，关于古籍的知识交流逐渐从简单的知识普及，向情感、认知、逻辑思维、价值体系等方面的综合性体验转变。

（三）古籍服务模式突破的要求

虚实融合突破了空间壁垒。传统的阅读服务往往需要依附图书、电子设备等实体；现在，依据数据、算法、元宇宙等技术再造虚拟立体空间，图书馆服务的领域和边界不断突破，借助虚实结合、以实应虚的方式突破信息茧房，整合知识资源，梳理知识结构，反映古籍知识内容背后的情感信念和价值观，从而推动知识价值的活化和利用。

在线服务打破了时间的限制。区别于传统图书馆有严格的开馆和闭馆时间，虚拟空间中的数字服务可以实现超长待机，也可以针对不同受众提供不同的服务模式，从而保障全时段阅读。

沉浸式体验消解了交流的障碍。沉浸式的阅读体验可以让阅读内容更具动态感且富有趣味性。通过构建数字生命，用户可以从内容的消费者变成内容的生产者，实现情感的共鸣。馆馆互通、馆人互通等方式，则可以更好地消除数字鸿沟，构建无障碍的服务体系。

三、现实需要

（一）新型数字资源建设与传播研究正当其时

2021 年，文化和旅游部、国家发展改革委、财政部联合印发《关于推动公共文化服务高质量发展的意见》，提出大力发展基于 5G 等新技术应用的数字服务类型，拓宽数字文化服务应用场景，探索发展数字文化大众化实体体验空间，加强数字艺术、沉浸式体验等新型文化业态在公共文化场馆的应用。2022 年，中共中央办公厅、国务院办公厅印发《关于推进新时代古籍工作的意见》，提出要做好古籍普及传播，加大古籍宣传推广力度，多渠道、多媒介、立体化做好古籍大众化传播工作。这些政策为古籍文献资源的继承、推广与创新指明了方向。

智慧图书馆建设已纳入国家"十四五"规划纲要，在推动全国智慧图书馆体系建设过程中，应充分发挥现代智能科技的赋能作用，探索珍贵典籍与新兴文化业态结合的新路径，推动实现古籍"活"化的跨界联合和破圈效应，多渠道、多媒介、立体化做好典籍文化的普及传播工作，讲好典籍故事。

（二）新型数字资源建设与传播有丰富的资源基础

古籍善本是文明遗珠，民间有言，"一页宋版，一两黄金"。据不完全统计，我国现存古籍约 19 万种，其中仅保存在公共图书馆系统的就有 2750 万册，可列入善本的约 250 万册。从年代久远的写本、稿本、抄本、刻本，到精校本、精注本、精印本，再到古籍数字化之后的古汉语电子语料库、古籍全文数据库、中华再造善本数据库，它们承载的是数千年来的中华文明图景，展示了我国历史一脉相承的精气神。

（三）科技发展为新型数字资源建设提供有力支撑

虚拟现实技术自 2020 年起成为研究热点，关键词涉及"全景漫游""数字孪生""沉浸体验"等，"古籍阅读推广 + 虚拟现实"相关研究在 2021 年后呈现明显增长趋势，研究角度涉及"AR 阅读""古籍短视频""元宇宙与阅读推广""古籍文本可视化""古籍阅读体验"等。

新型数字资源的应用场景主要包括五个方面。

一是主题阅读推广。遴选适用于阅读推广的内容，让用户充分了解主题资源的知识背景，完成知识解读，引导深度阅读。建设主题包括教育、科幻、艺术、音乐、旅游、民俗、中华优秀传统文化。

二是文化遗产的数字化保护与传承。针对稀缺资源，运用虚拟现实等技术创建立体影像，构筑三维立体展示空间，有效保存和传承文化遗产资源，为图书馆资源开发注入活力。建设主题包括古籍、善本、手稿、胶片等特殊类型文献。

三是图书馆馆藏特色资源推介。对馆藏特色资源进行加工整理，构建三维影像，融合语音、图片、文字、文献链接等信息，串联人物、时间、事件、地理人文等要素，将文本、书籍、图片、人文地理和音视频等不同资源类型进行立体呈现，为用户提供系统、全面的主题化资源推介服务。建设主题包括地域特藏文献、古籍（民国）特藏、名人大家特藏、专题领域特藏。

四是红色文化资源开发。充分挖掘红色文化资源的丰富内涵，利用实物史料创作虚拟场景，增强红色教育的生动性。建设主题包括红色文献、革命传统资源、警示教育资源、廉政文化资源。

五是虚拟教育课程的开发。融合虚拟现实技术和 MOOC 优势，借助多媒体、仿真、虚拟现实等技术，设计教学任务、课程、过程和细节，建设线上新型教育课程，让学习者产生沉浸式学习体验。建设主题包括思政类、医学类、艺体类、地理类、建筑类、消防安全教育等。

除此之外，还可以从立体资源整合、智能导航、游戏体验服务等角度开展新型数字资源建设。

四、行业要求

好酒也怕巷子深，好书也怕没人看。古籍再好，如果始终在图书馆中"束之高阁"，或是在拍卖行中流转，终究只是风雅文化中的一个传说。只有飞入寻常百姓家，让年轻人近距离感受到古籍的精妙之美，才能活化成千载流传的力量。

让古籍说话，是满足民众对传统文化的刚需之举，也是推动中华优秀传统文化创新性继承与发展的应时之举。

图书馆是古籍的重要保护机构，目前，古籍研究工作的重心仍在原生性保护和再生性保护上，阅读推广滞后，古籍价值没有得到充分发挥。XR 技术的出现为古籍阅读推广的智慧转型提供了全新的思路和方法，对图书馆智慧知识服务体系的构建和服务模式的创新具有重要价值。

2020 年，国家图书馆提出建设"全国智慧图书馆体系"的构想，项目建设的总体架构可以归纳为 1+3+N，智慧图书馆建设真正从理论研究层面进入实践层面。之后，智慧图书馆不断被国家和地方图书馆写入各级"十四五"规划，从单点探索向全国范围的实质性建设拓展，成为新一轮全国规模的图书馆数字化建设项目。智慧图书馆的建设必将推动公共文化服务空间、资源、服务、管理的全面智慧化升级，构筑立体化、全方位、广覆盖的知识服务体系。

随着新一轮科技革命进程加快，党的十九大报告提出建设"智慧社会"概念，对我国信息社会发展前景进行了前瞻性的概括。2021 年 3 月，《中华人民共和国国民经济和社会发展第十四个五年规划和 2035 年远景目标纲要》出台，明确提出开展智慧图书馆建设。2022 年 5 月，中共中央办公厅、国务院办公厅印发了《关于推进实施国家文化数字化战略的意见》，描绘了文化强国建设进程中文化数字化建设的总体蓝图，对我国"十四五"时期文化数字化发展提出了具体目标并部署了重点任务，从国家战略高度为新时期公共图书馆的智慧化转型提供了重要指引。

在知识服务建设领域，数字资源的管理聚焦融合 H5、VR、AR、人工智能、场景动画等新技术，特别是 5G 技术的应用和智能设备的普及，为数字阅读的发展带来新的机遇，在基础架构层面的发展趋势表现为"从分级分布式存储到混合云架构仓储"，在数据层面的发展趋势表现为"从数据共建共享到开放多元融合"，在集成层面的发展趋势表现为"从全生命周期管理到多维融合数据治理"，在内容层面的发展趋势表现为"从大规模数字化到细粒度内容挖掘"，在服务层面表现为"从跨屏交互服务到文化全景呈现"，其具体应用场景如图 1 所示。

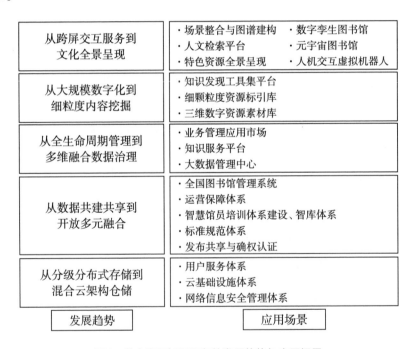

图1　数字资源知识服务的发展趋势与应用场景

（一）解决古籍保护的"藏""用"矛盾

古籍保护与利用是公共图书馆的重要职能之一，既有公共服务的共性，也具有文物保护的特殊性，古籍的文献价值和版本价值之间存在一定的冲突，古籍"藏"与"用"之间的供需矛盾较为突出。

一方面，古籍是文脉的骨干，在一代一代护书人的舍身护书之下流传至今，其保护工作刻不容缓；另一方面，公共图书馆所藏的古籍属于公共文化资源，需要满足读者的文献阅读、查找和使用需求，但由于文物保护的客观情况，很多公藏单位不具备面向公众开放的功能，很多古籍资源只能"束之高阁"。同时，由于很多古籍没有及时点校整理，内容晦涩难懂，也不利于古籍的阅读推广传播。

面对广大人民群众不断升级的文化需求，公共图书馆作为公共文化服务体系的重要组成部分，正逐步开展供给侧的改革探索与实践，推进古籍的点校整理和数字化，构建古籍数据库系统，探索多种方式活化古籍，确保古籍文献的有效保存和利用。

（二）促进古籍阅读的时代精神解读

移动互联网背景下的古籍阅读依然存在知识内容获取与理解困难的问题，古籍文字晦涩难懂，阅读内容难点多，普通读者的古文知识储备有限，认知理解负荷较大。用户对网络阅读产品的需求已由单纯的视觉娱乐向知识获取和精神审美层面提升，泛知识类内容生产也开始影响年轻人的知识接受和文化参与。知识风尚成为古籍资源知识内容传播兴起的起点。

伴随着智媒时代的演进，在阅读推广领域，数字阅读已经成为人们获取知识、信息的重要方式。动漫游戏、数字叙事、VR/AR 等数字内容形式迅速发展，以 5G 为核心的移动互联网技术在空间环境、资源供给、技术赋能、服务管理等各个维度促进阅读场景的融合，也将场景体验的概念深深地嵌入传统典籍传承与推广中。古籍的阅读推广实践，也需要充分运用数字技术，开展基于古籍知识的普及，用新方式、新形态和新成果推广古籍阅读产品。

（三）利用XR数字技术活化古人智慧

中华优秀传统文化是 5000 年文明的结晶，古籍承载着古人的世界观、价值观和人生观，具有特定的文化象征意义。修齐治平、尊时守位、知常达变、开物成务、建功立业——在碎片化阅读时代，阅读经典古籍，不仅是人文精神的对话，更是以古鉴今智慧的升腾。

古籍是一种"雅文化"，如何让艰涩的阳春白雪式文化与大众化传播达到平衡，需要不断的探索。本书提出利用 XR 赋能图书馆的方式活化古籍文献资源，XR 技术一方面可以满足视觉化、沉浸化的感官体验，符合大众传播的特性，同时具有耳濡目染的知识传播特点，可以延伸古籍理解的时效，为挖掘中国智慧打开新的思路。在古籍知识的传播过程中，应弱化古籍研究是"冷门绝学"的概念，激活"人"的要素，以趣味的方式诠释古籍智慧，复现古籍里的美食、神话等内容，让晦涩的古籍内容以看得见、摸得着的方式呈现给读者，达到复活古籍的效用。

（四）讲好"国之重器"的中国故事

在文博领域，中国文化典籍可以说是"国之重器"，代表着厚重的文化底蕴。伴随着国学复兴，对于古籍的阐释更与中国故事的表达、国际话语权的提升，以及民族文化自信的增强有关。

中华优秀传统文化具有国际普遍认可和国际传播意义的内容，对于讲好中国故事、推进国际传播、加强人类文明交流互鉴具有重要价值，古籍作为中华民族厚重历史文化积淀的重要代表，不仅可以深入阐释中国故事的"精气神"，而且可以在国际传播中开辟出一条"书山有路"，既展示中华文化的"各美其美"，也让中华民族千年的文化脉络在世界范围得以清晰地展现，实现"美美与共"。

图书馆行业更应该怀有历史格局，扛起文化担当，站在千年历史厚土上延续文脉薪火，让数字技术与考古文博同频共振，主动让古籍"出圈"。

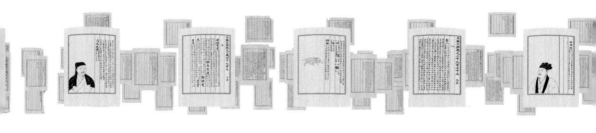

第一章
古籍新型数字资源的技术场景

一、全景VR呈现

虚拟现实技术（VR）是一种可以创建和体验虚拟世界的计算机仿真系统。它利用计算机生成一种模拟环境，以计算机仿生、三维图像处理和视觉传达等技术为基础，充分调动人的视觉、听觉、触觉、嗅觉、味觉、运动等多种感官，使人产生沉浸式、交互式的应用体验。

利用虚拟现实技术，图书馆可以深入挖掘自身特色资源，推动现有馆藏特色文本数据向虚拟现实内容转移，推进古籍等特色资源的深度利用。例如，建立 VR 古籍阅览室、构建古籍 VR 内容全景系统、开发古籍 VR 资源平台等，借助可穿戴增强显示设备、体感交互设备和三维立体显示设备等特殊的输入 / 输出设备，使用户沉浸在逼真的虚拟世界中，运用视觉、听觉、触觉等多种感官与虚拟世界的物体进行自由交互。如图 1–1 所示，读者利用 VR 设备体验国家图书馆的《永乐大典》"VR 全景文化典籍"。

图1-1　《永乐大典》"VR全景文化典籍"

二、AR场景可读

增强现实（Augmented Reality，简称AR）技术通过实时计算影像位置及角度实现图像识别，借助感知和显示设备，将虚实信息融为一体，最终给观察者呈现一个感官效果真实的新环境。利用AR探索、AR扫描识别等技术，图书馆可以动态展示古籍场景的背景知识和相关文献。

在场景游览过程中，读者通过手机扫描景点或图案标识，直观了解景点相关知识。这种方式与图书馆丰富的馆藏资源实现链接，既关联人物、事件、资源，介绍景点和人物，又纵向链接古籍相关书目、图片和存档的音频资料，关联图书馆馆藏检索系统，了解馆藏状态，便于感兴趣的读者及时就近获得阅读资源。同时，可设计动画宣传视频讲解，为游客设置景点打卡签到、文物位置追踪、景区知识答题、虚拟签名墙等活动，把馆藏放到读者日常的生活场景当中去，让读者在行走的过程中自主地收听观看，促进文旅融合。例如，"上海武康路AR导览"项目，利用AR扫描、实景拍摄、3D建模、AR探索、识别门牌号等技术助推文旅融合，串联线下文旅资源，链接馆藏检索系统，动态展示相关的背景知识和馆藏状态，把上海图书馆的馆藏放到读者或者用户自己的生活场景当中，用户简单地点击AR导航App，就可以看到图书馆的老照片和视频音频，如图1-2所示。

图1-2 "上海武康路AR导览"项目

三、MR混合现实

混合现实技术（MR）是虚拟现实技术的进一步发展，该技术通过在虚拟环境中引入现实场景信息，在虚拟世界、现实世界和用户之间搭起一个交互反馈的信息回路，将虚拟场景和现实场景相结合，突破传统空间呈现形态，实现虚拟空间与现实世界的无缝衔接，产生隔空互动的效果，以增强用户体验的真实感。例如，2021年河南卫视春节联欢晚会上表演的《唐宫夜宴》，利用抠像、三维、AR等虚拟技术，将舞台录制与棚内的画面进行合成，实现了虚拟场景和现实舞台的结合，最终呈现了精妙绝伦的舞台效果，如图1-3

所示。

图1-3　《唐宫夜宴》效果图

四、虚拟时空漫游

　　虚拟时空漫游是虚拟现实（VR）技术的重要分支，在建筑、旅游、游戏、航空航天、医学等多个行业发展很快。虚拟漫游技术通过创建虚拟信息环境，帮助用户实现与环境的交互。例如，图书馆可以利用虚拟时空漫游技术对场馆进行高精度还原，将古籍藏品逼真地呈现在观众面前，以720°展陈真实馆藏资源，并获取大量平时无法从实体文献中获取的信息，增强用户和文献之间的互动。借助于3D MAX、动态数据互动和场景仿真技术，通过图像处理、知识点解析、参考文献标注、音视频关联等方式，进行多维场景设计和空间呈现，构建古籍虚拟漫游时空，开展动态漫游服务，如图1-4所示。

图1-4　虚拟场景漫游

五、文旅知识图谱

知识图谱利用抽取、融合、管理等技术，构建有序、多维、智能的知识关系引擎，实现点线面的知识体系可视化。在古籍领域，图书馆可以采集区域内的地理、人物、历史等百科数据，通过知识定义、结构化知识抽取、知识映射、知识清洗、知识融合、知识存储等服务工具，构建古籍领域的文化知识图谱数据库。而XR技术可以通过搭建应用API的形式提供知识数据呈现。

古籍的文旅知识图谱通过挖掘图书馆特色资源，将地方重大历史文化事件与地图相结合，搭建虚拟文化时空地图。用户通过滑动时间轴与地图便可快速浏览历史文化变迁，支持文物、文献、建筑、历史事件、古籍人物、非遗、动植物等文化要素的百科知识查询。相比传统的网页百科，XR赋能下的时空地图中的古籍要素展现得更加立体全面，用户更有探索的欲望，与线下古籍资源的结合也更加紧密。重要的古籍文献和知识信息可以在立体空间中实现旋转展陈，或以图谱形式展示知识要点、古籍故事、回归路径等，如图1-5所示。

图1-5　时空地图样例

　　利用图谱形态串联馆藏数字资源与线下旅游资源，可以实现重要历史人物、文献、历史事件的直观呈现，吸引读者通过线上的文化探索发现线下旅游要素，引导读者按照知识图谱的关联线索发现旅游资源背后的故事，如图1-6所示。

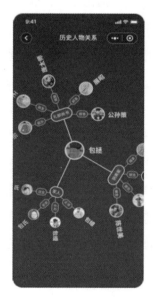

图1-6　历史人物关系图谱样例

六、虚拟3D场景

XR古籍生态图书馆利用虚拟3D、环绕影像技术，构建针对古籍的虚拟生态系统，搭建数字孪生模型，为读者提供细致入微的古籍知识，如图1-7所示。

图1-7　虚拟生态博物馆样例

古籍生态图书馆可以将古籍中的历史人物、建筑、文物及书画诗歌以虚拟时空的形式进行重新组织，支持与旅游资源相连，实现文化要素与旅游要素的融合创新；古籍生态图书馆还可以提供游戏化的互动体验，让读者在线上模拟古籍修复，通过AI技术让古籍IP动起来，凸显古籍吸引力，活化历史IP，创新文化价值。

除了VR、AR、MR、时空漫游、XR等技术的应用，图书馆还可以从虚拟古籍教育服务、馆藏古籍特藏推介、立体古籍资源整合、智能场馆导航、用户虚拟参考咨询等角度开展古籍新型资源建设，并以此为基础进行服务创新，增强服务效果，实现资料、实物、场景的多重融合、深度关联与沉浸式展现。

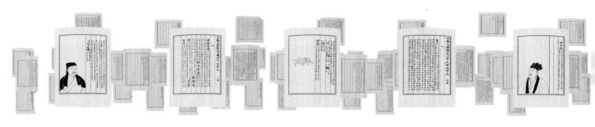

第二章

古籍新型数字资源建设现状研究

第一节　文献分析

一、研究热点分析

本书利用中国知网数据库（CNKI），检索主题为"数字 + 古籍"和"智慧 + 古籍"，时间范围限定为近 10 年，检索得到 943 篇论文，故对 943 篇文献进行关键词共现及聚类分析。

图 2-1 关键词聚类显示，国内古籍数字活化的研究主要聚焦应用层面，占据了有限的聚类条目的主要部分，包括"古籍保护"（图中 #1）、"数字人文"（图中 #2）、"古籍出版"（图中 #3）、"数据库"（图中 #4）、"中医古籍"（图中 #5）等类别。

国内的古籍数字化研究可以追溯至 1979 年，学界一般认为，国内的古籍数字化研究可以分为三个阶段：1979 年到 1994 年是探索阶段；1983 年彭昆仑[1]首次在国内使用计算机分析《红楼梦》中的时间进程和人物年龄；1995 年到 2001年是初步发展阶段，最具代表性的古籍数字化成果《文渊阁四库全书》电子版至今仍在使用；2002 年至今是基本完善的阶段，以《中国基本古籍库》为代表的古籍数据库逐步建成，数字图书馆中的古籍数字化建设得到了规范化发展。

图 2-1、2-2 显示，近年来，古籍数字化的研究重点从"古籍整理"向"内容挖掘"转变。2010—2015 年的研究重点多集中于"中医古籍"的数字化整理，研究内容涉及古籍的数据库建设、数字修复、共建共享和数字出版等。2016—2020 年的研究重点开始向"古籍 + 数字人文"和"古籍 + 智慧图书馆"

---

[1]　彭昆仑 . 关于《红楼梦》时间进程和人物年龄问题的探讨——兼论电子计算机在红学研究中的初步运用 [J]. 红楼梦学刊，1984，（02）：322—341.

转移，研究内容包括大数据、文本可视化、VR 古籍等。2021 至今，研究重点呈现两个发展态势：一是关注人工智能技术在古籍内容挖掘领域的应用，如知识组织、预训练模型、知识关联等；二是关注中华优秀传统文化的大众化传播，例如数字文创、古籍活化、阅读推荐等。

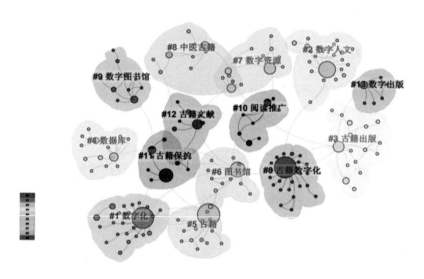

图2-1　关键词聚类

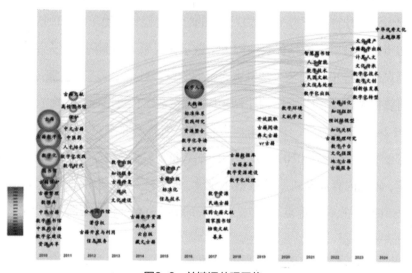

图2-2　关键词共现网络

二、研究趋势分析

关键词词频能够反映研究热点的总体热度，如图 2-3 所示，关键词分析显示，古籍数字化研究主要呈现以下四个趋势。

关键词	年份	强度	开始	结束	2010—2024
数字图书馆	2010	7.09	2010	2014	
中医古籍	2010	5.11	2010	2016	
数字化	2010	4.66	2010	2015	
古籍整理	2010	3.54	2012	2015	
数字出版	2013	2.24	2013	2015	
古籍数字资源	2014	3.38	2014	2020	
云出版	2014	2.34	2014	2015	
标准化	2015	2.04	2015	2017	
大数据	2016	2.51	2016	2018	
数字资源	2017	3.79	2017	2019	
民族古籍	2017	3.03	2017	2019	
图书馆	2010	3.13	2018	2020	
公共图书馆	2012	2.47	2020	2021	
知识服务	2013	2.23	2020	2022	
数字人文	2016	19.82	2021	2024	
智慧图书馆	2021	3.68	2021	2024	
人工智能	2021	2.74	2021	2024	
古籍出版	2015	4.27	2022	2024	
阅读推广	2015	3.72	2022	2024	
古籍活化	2022	2.11	2022	2024	

图2-3 关键词突显列表

一是古籍生态体系建设。横向来看，研究重点为古籍数字保护方法，如原生性保护、再生性保护、传承性保护。原生性保护主要针对古籍实体的修复和藏书环境的改善。再生性保护主要针对古籍内容进行影印、数字化、缩微、整理、出版等，以及对数字内容和图像的提取。传承性保护通过宣传推广、展览讲座、文创开发等方式，解读中华优秀传统文化。纵向来看，古籍数字化研究的主要内容为古籍保护的技术路线，如数字化、文本化、关联化、概念化、智慧化，具体指沉浸式投影、AR、VR、MR、瀑布流等技术应用。

二是古籍资源内容建设。古籍资源包括古籍纸质文献资源、电子文献资源、基础设施资源和空间资源。文字库建设包括将古籍繁体字转化为现在通用的简体字，方便读者进行对照阅读等。图片库建设包括将书中的生活场景、人物风貌、历史事件等图片信息进行提取。视频库建设一般通过制作高清视频，借助丰富生动的视觉画面，让读者在轻松有趣的氛围中理解古籍文本内容。开发通用性的数字平台和工具，可帮助古籍资源采集、存储、分析、重建和展示。

三是古籍数字化过程中的特殊问题处理。因古籍年代久远，纸张破损的情况时有发生，古籍数字化的过程中，要尽可能保证采集内容的准确性和完整性。由于古籍资源流散，如何通过公私收藏机构、市场流通、国外回归等方式，实现古籍数字版本的汇集，也是较难解决的困难。古籍的版式多样，特别是字体、批注、圈点、插图等特殊性内容结构，给古籍的 OCR（Optical Character Recognition，光学字符识别）提出了挑战。由于古籍的字义内容多样，生僻字、异体字、多音字繁多，针对古籍文本的实体抽取和知识标引有很大难度。古籍的版本繁多，有写本、印本、抄本、刻本，对各种不同版本的古籍形态进行汇聚融合变得至关重要。历代文人在古籍原版原貌的基础上进行了批注和校勘，这些内容也是重要的知识信息，如注疏、注释、注解，为古籍研究提供了多样的视角。在数据库搭建方面，常娥等[1]针对传统的古籍数据库提出重新整合现有古籍数字化资源，构建古籍专业知识库，包括古代人名、地名、异名别称模式、断句模式等，以满足古籍整理工作需要。在技术方面，林立涛等[2]全面梳理了古籍文本挖掘领域的算法、模型、工具，肯定了自然语言处理技术及深度学习技术，为古籍研究提供了有力支撑。

---

[1] 常娥，李慧芳.古籍数字版本的权威定本问题探究——以《老子·道德经》为例[J].图书馆，2021，（12）：107—111.

[2] 林立涛，王东波.古籍文本挖掘技术综述[J].科技情报研究，2023，5（01）：78—91.

四是古籍阅读推广服务。推广服务分为专业服务和大众传播两个方向：专业服务的研究内容主要为知识发现和知识图谱的可视化；大众传播主要指通过构建休闲的阅读娱乐体验，推动全民阅读发展，借助融媒体开展知识普及和 IP 创意开发。服务环境研究又可细分为现实环境和虚拟环境，现实环境主要是指实体图书馆，虚拟环境主要是指虚拟图书馆和融合图书馆。王兆鹏等 [1] 提出古代文学相关的古籍数据库功能单一、范围有限等问题，需要将各种文学编年史、作家作品的编年资料进行数字化集成，借助数字人文的技术，解决古籍资料离散、时空分离的问题，搭建"唐宋文学编年地图"。

三、关于古籍数字活化的政策梳理

党和国家对于古籍保护与活化的政策支持，最早可追溯至新中国成立之初。20 世纪 50 年代，国家文物保护协会以及相关部门对古籍给予关注和重视，对散落国外和民间的古籍善本进行征集和追回。

1981 年，中共中央发布《关于整理我国古籍的指示》，强调了整理和保护祖国文化遗产的重要性。

1985 年，经文化部批准，全国图书馆文献缩微复制中心成立，主要致力于古籍文献等珍稀文献的缩微拍摄。财政部拨发专款用于改善古籍保存条件。

1996 年，文化部制定《1997—2010 年全国公共图书馆文献缩微规划》，根据此规划，全国公共图书馆有序开展古籍文献的缩微工作。

2002 年，由财政部、文化部共同主持，国家图书馆承办，正式立项建设"中华再造善本工程"，把分藏于各地的珍贵古籍有计划地仿真复制出版。

2007 年，国务院办公厅发布《关于进一步加强古籍保护工作的意见》，明确提出在"十一五"期间大力实施"中华古籍保护计划"。同年，国家古籍保护中心挂牌成立，标志着古籍保护工作进入一个新的阶段。

---

[1]　王兆鹏, 蒋晓晓. 时空一体化——唐宋文学编年地图平台的学术理念与学术价值 [J]. 三峡论坛 (三峡文学 · 理论版), 2020, (05): 20—27, 35.

2011年,党的十七届六中全会明确提出"要加强文化典籍整理和出版工作,推进文化典籍资源数字化建设"的文化发展策略。

2022年,中共中央办公厅、国务院办公厅颁布《关于推进新时代古籍工作的意见》,该意见具有里程碑的意义,特别指出:要深度整理研究古代科技典籍,传承科学文化,服务科技创新;要推进古籍数字化,积极对接国家文化大数据体系,实现古籍数字化资源汇聚共享;要积极开展古籍文本结构化、知识体系化、利用智能化的研究和实践,加速推动古籍整理利用转型升级。

以上的政策梳理展示了党和国家对古籍保护工作的支持,相关政策也不断完善,鼓励积极创新发展,加强古籍的数字活化利用。

四、古籍数字活化的主要项目

2021年,中宣部印发《中华优秀传统文化传承发展工程"十四五"重点项目规划》,共有23个重点项目,其中就有国家古籍保护及数字化工程。该工程启动后,资助了包括永乐大典、敦煌遗书等27个项目建设,如表2-1所示,探索利用大数据、虚拟现实、知识图谱、人工智能等技术对古籍进行知识挖掘,促进古籍的数字活化。

表2-1 国家古籍保护数字化工程重点项目

序号	项目名称	申报单位
1	《永乐大典》专题数据库	中华书局
2	《永乐大典》高清影像数据库(第一辑)	国家图书馆出版社
3	敦煌遗书数据库	广西师范大学出版社
4	《中国古籍总目》(网络版)出版工程(一期)	中华书局
5	古籍数字化整理平台(一期)	中华书局
6	古籍印谱知识与印章识别系统	国家图书馆出版社
7	面向典籍文本的知识图谱自动生成平台	北京大学
8	汇典·典籍整理文献数据库(一期)	上海古籍出版社

续表

序号	项目名称	申报单位
9	中国写本文献数字资源库建设（一期）	浙江大学出版社
10	中华法律古籍文献基本库（一期）	社会科学文献出版社
11	中国社会科学院经济研究所藏清代钞档影像数据库（题本库一期）	中国社会科学院经济研究所
12	中华礼学文献数据库（一期）	浙江大学古籍研究所
13	《儒藏》（精华编）数字化平台（一期）	北京大学出版社
14	中国古旧地图数字化及综合管理应用平台建设（一期）	中国地图出版社
15	中国黄河水利古地图数字资源库	中国水利水电出版社
16	国家珍贵古籍名录知识库建设	国家图书馆（国家古籍保护中心）
17	历代典籍目录数据集成与分析系统	北京大学
18	《江苏文库》数据库（一期）	凤凰出版社
19	陕西文献集成数据库（一期）	古联（北京）数字传媒科技有限公司
20	中医疫病古籍整理数据库	上海交通大学出版社
21	中医药古籍版本资源库	中国中医科学院中医药信息研究所
22	中华本草古籍数据库建设（一期）	北京科学技术出版社
23	中华针灸古籍数字化项目	北京科学技术出版社
17	历代典籍目录数据集成与分析系统	北京大学
18	《江苏文库》数据库（一期）	凤凰出版社
19	陕西文献集成数据库（一期）	古联（北京）数字传媒科技有限公司
20	中医疫病古籍整理数据库	上海交通大学出版社
21	中医药古籍版本资源库	中国中医科学院中医药信息研究所
24	《中国少数民族古籍总目提要》数据库开发与应用	国家民委全国少数民族古籍整理研究室
25	江苏省珍贵古籍全文影像数据库（一期）	南京图书馆
26	中山大学图书馆藏碑帖数字化	中山大学
27	天津图书馆藏稿抄本古籍数字化项目	天津图书馆

第二节　案例调研

一、基层古籍数字化智慧化的推广现状

从开发模式看，古籍保护分为原生性保护、再生性保护和传承性保护（图 2-4）。基层古籍数字化服务方式主要包括数字化项目（表 2-2）、数据库服务（表 2-3）、数字阅读推广活动（表 2-4）、知识化阅读平台等形式。

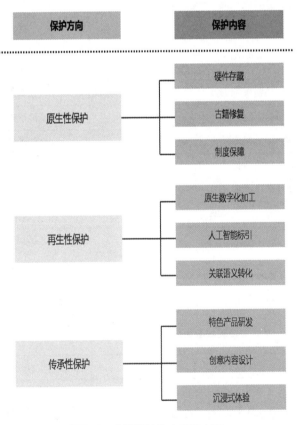

图2-4　古籍保护的方向与内容

表2-2　古籍数字化项目

项目名称	说明
公共数字文化工程	文化和旅游部为推动工程转型升级、深度融合，将全国文化信息资源共享工程、数字图书馆推广工程、公共电子阅览室建设计划统一为"公共数字文化工程"
中华古籍保护计划	在全国范围内组织开展古籍普查登记工作，建立中华古籍联合目录、古籍数字资源库和《国家珍贵古籍名录》，命名"全国古籍重点保护单位"
全国图书馆文化创意产品开发联盟	国家图书馆牵头构建"全国图书馆文化创意产品开发联盟"，借鉴"互联网+"等理念，通过文创研发、渠道营销等方式，推动典籍的宣传
中华传统晒书活动	"晒经典""晒传承""晒发展"，深入挖掘古籍时代价值，宣传展示近年来古籍保护的重要成果，推动文旅融合、研学互动

表2-3　古籍数据库案例

项目名称	说明	具体说明
古籍馆数据库	由古籍馆项目组研发的古籍全文数据库，资源来自全国各类图书馆馆藏的1949年以前古籍文献资料，采用Unicode字符编码和大字符集，支持智能全文检索，资源涵盖经、史、子、集、丛五部	已收录7.5万种书（地理志、家谱、别集、别传、四库系列），约10亿字
典藏古籍库	由北京典藏科技有限公司开发的典藏古籍库，包含经、史、子、集、丛五部，共一百多个分类。支持元数据题名模糊与精确检索，具有较好阅读体验	收录上自先秦、下至民国的历代名著、各学科基本文献等10万余本
中华经典古籍库	由中华书局开发的古籍库，收录中华书局整理本古籍，其他出版社优质古籍资源，内容涵盖经、史、子、集各部，包含二十四史、通鉴、新编诸子集成、十三经清人注疏、史料笔记丛刊、古典文学基本丛书、佛教典籍选刊	截至2021年2月，已完成八期数据加工，总计3949种图书，约17.5亿字

续表

项目名称	说明	具体说明
中华古籍资源库	"中华古籍保护计划"的重要成果之一。它由国家图书馆承担项目开发工作，目前在线发布的古籍影像资源包括：国家图书馆藏善本和普通古籍、数字方志、法国国家图书馆藏敦煌遗书、哈佛大学善本特藏、东京大学东洋文化研究所汉籍影像库、天津图书馆和云南图书馆藏普通古籍、上海图书馆藏家谱等	资源总量超过 3.3 万部，其中数字善本古籍已发布 2.1 万余部，地方志资源 6529 种。中华古籍善本联合书目数据已达 2 万余条，并配有 1.4 万余幅书影
大学数字图书馆国际合作项目 CADAL（ChinaAcademicDigital AssociativeLibrary）	CADAL 项目由国家投资建设，作为教育部"211"重点工程，由浙江大学联合国内外的高等院校、科研机构共同承担。收录资源涵盖古籍、地方志、民国文献、当代文献及外文文献、侨批等	截至 2021 年，共收录古籍资源 24 万种
首都图书馆	首都图书馆历史文献中心收藏古籍近 50 万册（件），其中善本 5200 余种，67000 余册，已有 156 种古籍入选前五批《国家珍贵古籍名录》，尤其以戏曲、小说、佛经、医书、地方志、明清诗文集等类藏量丰富	建有"首都图书馆古籍珍善本图像数据库"，第一期首先公布珍稀善本 148 种
天津图书馆	已在线发布明清古籍近 1500 种，读者可以登录天津图书馆网站	点击"数字资源——自建资源——历史文献数字资源库"，可检索并在线浏览古籍全文影像
辽宁省图书馆	现有 61 万余册古籍文献，其中以宋元刻本、闵凌套印、武英殿刻书、朝日刻本、满文书为特色	已在线发布馆藏"闵凌刻"古籍数字资源 101 部。
上海图书馆	现藏有家谱近 3 万余种 30 余万册共计 365 个姓氏，收藏的家谱覆盖全国 27 个省、自治区及直辖市	目前在线发布家谱资源 8565 种，公众可足不出户进行家谱的全文浏览和检索。
《广州大典》数据库	《广州大典》大体依经、史、子、集、丛五部分类，收录 4064 种文献	在线发布的全文影像包括广东省立中山图书馆 2791 种、中山大学图书馆 352 种、广州图书馆 61 种，共 3204 种
云南省图书馆	包括大理国写本文献，现存云南最早的写本《护国司南抄》、元官刻大藏经《大宝积经》、北元宣光年间云南所刻《大方广佛华严经》《滇南草本》、程乙本《红楼梦》等	是云南省图书馆馆藏的代表性文献。目前在线发布古籍资源共计 480 余种 2103 册。

表2-4　国家古籍数字阅读推广案例

主办单位	主题	内容
西藏自治区图书馆	流万古文润千年——2023年中华传统晒书活动	做到"晒经典""晒技艺""晒发展""晒成果"
青岛市图书馆	"尼山书院"青岛少儿琴友古琴雅集活动	展示古琴艺术独特魅力,激发孩子们对传统文化的热爱
上海浦东图书馆	博古文识"暑期文化公益活动	"中国古代书籍装帧简说"专题讲座、古籍实物展示导览、"亲手缝一本线装书"古籍装帧手作互动体验及古籍书画公益鉴定
广中医图书馆	古籍修复培训、古法造纸与线装书装订体验活动	开展古籍修复培训、专题讲座,并指导学生开展古法造纸与线装书装订体验活动
曲靖市图书馆	"一本书的诞生Ⅲ——古籍'心'生"展览	展现古籍在生产、装帧、毁损、修复等各个生命阶段的面貌与状态
国家图书馆	"日出新卯春暖兆福——二〇二三年新春典籍文化展"	推出"寻年俗、读好书、享年趣"春节主题系列活动

表2-5　国家古籍知识化阅读平台

研究平台名称	平台简介	平台功能
宋代学术传承关系发现系统	从"中国历史人物资料库"(CBDB)中抽取宋代人物之间的学术传承关系和部分亲属关系,应用知识图谱构建一个示例性的本体应用,为公众提供动态的、可视化的历史知识探索与发现服务	提供对宋代人物、地点、关系的组合查询,以可视化的方式展示查询结果,还可对检索结果中的类别、联系进行多重过滤
中国古代历史人物迁徙可视化	在"中国历代人物传记资料库"(CBDB)的基础上提供可视化交互和查询操作,集成数据清洗和分析的工作,方便用户对历朝各代的历史人物和学术传承做对比和分析	平台主要分为两部分,其中,"历史人物迁徙图"旨在对中国历代重要人物的迁徙路径进行可视化;"学术师承可视化"通过静态的树状图和动态的网络图来呈现士人的学术师承关系,帮助用户理解学术传承脉络的演变

研究平台名称	平台简介	平台功能
"中国历史人物资料库"WEB检索系统	该项目由北京大学数字人文研究中心、哈佛大学费正清中国研究中心CBDB项目组共同组成联合团队,并与台湾地区中研院进行合作,对CBDB在线系统进行重构	该系统旨在通过提供更便捷的CBDB接入方式和更简洁的操作方式,增强用户体验
朱子年谱可视化系统	为了方便读者快速梳理事件逻辑,该系统通过建立知识重构表示体系,对朱熹年谱长编进行知识重构,然后利用GIS技术对年谱事件进行时空可视化呈现,实现"编年"与"系地"共现	该系统提出面向朱熹年谱长编文本的知识重构体系,为构建年谱文本的知识重构通用体系奠定基础;提供了一种基于知识重构实现群体传记的新视角;通过对事件的时空可视化呈现,克服了年谱编撰的重"编年",而轻"系地"的问题
"宋元学案"知识图谱系统	该系统对240万字的《宋元学案》进行了文本处理和分析,将学案中的人物、时间、地点、著作,以及它们之间的复杂语义关系提取出来,构造成知识图谱,提供可视化展现、交互式浏览、语义化查询等功能	该系统以知识图谱为底层数据结构,根据文本设计了系统功能和界面,提供了"概览"和"精读"两大类功能。读者可以纵览整个学术史演化脉络和完整的师承关系网络,也可以利用辅助工具了解年号对照、宋代地图和职官图等背景知识
经籍指掌——中国历代典籍目录分析系统	该系统对历朝史志目录、《四库全书总目》、《中国古籍总目》等九种代表性官修目录的数据进行标准化处理与书目认同,并利用可视化手段对各目录之间的关系进行呈现。	利用该系统,学者可以方便地对各目录进行检索,直观地查看各目录中书目的分布情况以及各类目的具体收录情况,同时查看与分析目录子类中所收录的具体典籍分类演变情况
"吾与点"古籍智能处理系统	该系统是北京大学数字人文研究中心与中文在线集团元引公司联合开发的智能化古籍整理平台,可以提供自动句读、分词、命名的实体识别、关系抽取等基本古籍整理功能	该系统提供自动句读、分词以及命名的实体识别功能,其他功能将会陆续开放测试
识典古籍阅读与整理平台	该平台致力于在检索方式、异体字支持、文字质量、阅读辅助、浏览体验等多个方面进行探索,期望建立一个文字精良、功能丰富、阅读体验优秀的古籍阅读平台,面向社会公众提供对古籍数字化资源免费公益的访问和利用	该系统设计的整理平台包括古籍图像OCR、文字校对、文字对勘、标题的识别与校对、分段、标点校对、实体校对等环节,可以实现简单易用的书库浏览功能、图文阅读功能等

研究平台名称	平台简介	平台功能
《国家珍贵古籍名录》系统	该系统是北京大学数字人文研究中心与国家图书馆（国家古籍保护中心）共同设计、研发的，面向国内珍贵存世古籍的介绍、浏览与可视化分析系统，是"《国家珍贵古籍名录》知识库建设"项目的重要成果。	该系统结合交互式可视化技术与语义关联技术，实现对《国家珍贵古籍名录》收录古籍的多维度查询与探索，展现不同文献类型、不同文字、不同时期、不同版本类型、不同地域的珍贵古籍的分布，以体现中华文化博大精深与源远流长，为公众了解、学习中华典籍提供指南与线索。

二、国家图书馆古籍数字化智慧化服务实践

国家图书馆是全世界汉文古籍、甲骨、敦煌文献收藏最多的机构，继承了南宋以来历代皇家藏书，再加上书院藏书、寺院藏书、私家藏书，现有古籍特藏文献超过 300 万册件，汉文古籍品种约占存世总量的 70%，金石拓本、古代舆图、民族古籍的数量全国领先，其中既有"敦煌遗书"、"赵城金藏"、《永乐大典》和文津阁《四库全书》等四大专藏，也有法国总统马克龙作为国礼赠送给习近平主席的法文版《论语导读》。

1. 古籍数字化存藏服务实践

20 世纪 90 年代以来，国家图书馆积极应用数字信息技术，对馆藏古籍特藏资源进行数字化加工并在互联网进行发布，供读者在线阅读。

（1）古籍 + 高清数据库

依托"中华古籍保护计划"开展古籍普查登记，建设"全国古籍普查登记基本数据库"，提供全国 200 余家古籍存藏单位近 800 万条古籍普查数据的联合检索。"中华古籍资源库"发布甲骨、敦煌、古籍、少数民族古籍、舆图、碑刻、老照片、年画等古籍特藏超过 10.2 万部 3000 多万页。中国古籍保护网页面如图 2-5 所示。

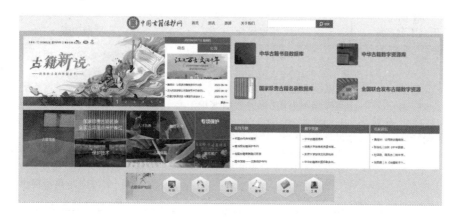

图2-5　中国古籍保护网首页

（2）古籍＋海外数字回归

国家图书馆也与海外中华古籍存藏机构建立了密切联系，策划、推动了一系列古籍数字化合作项目。例如，推进海外中华古籍调查暨数字化合作项目，推进日本、韩国藏中国古籍总目编纂，哈佛燕京图书馆、法藏敦煌文献、日本东京大学东洋文化研究所、日本永清文库等一批海外珍贵古籍以数字化形式回归，《永乐大典》"湖"字册、日本永青文库汉籍实现实体回归。

2.古籍创新活化实践探索

（1）古籍＋全景虚实融合

国家图书馆开展了 VR 新型数字资源建设，制作完成 5G+VR 全景文化典籍《永乐大典》视频，采用"5G+VR"技术，集成 8K 全景视频拍摄，融合了影视级三维动画制作等技术手段，以国家图书馆馆藏《永乐大典》为基础，分别从典藏价值、修典始末、典籍渊薮、韵字编排、品貌非凡、传承守望六个角度，沉浸式讲述四大专藏之一的《永乐大典》背后的故事，全景再现《永乐大典》的历史与全貌，为广大读者打造身临其境、跨越时空的文化体验。国家图书馆"新阅读"展厅如图 2-6 所示。

图2-6　国家图书馆"新阅读"展厅

（2）古籍＋沉浸式阅读体验

为进一步改善读者到馆阅读体验，国家图书馆探索开发了"沉浸式阅读体验项目"，应用5G、全景视频、虚拟现实、全息影像等新技术，打造"全景展厅""阅读树""数字魔墙""机器人导览"等智慧化服务场景，如图2-7所示。

图2-7　用户利用VR眼镜体验作品

3.古籍大众传播推广实践

（1）古籍＋多媒体文化节目

国家图书馆积极利用数字网络、"两微一端"等多媒体传播渠道开展古籍宣传推广。与中央广播电视总台、北京广播电视台等媒体平台合作，参与录制《典籍里的中国》《中国国宝大会》《中国地名大会》等节目，生动解读《尚书》《永乐大典》《天工开物》等古籍内涵。与"蜻蜓FM"开展合作，打造亲子互动音频节目《伴随一生的古诗词》。

（2）古籍＋文化创意产品

国家图书馆依托宏富馆藏，深入挖掘典籍文化内涵，研发数百种贴近生活的文创产品，推动中华优秀传统文化元素浸润百姓心灵，其中，《永乐大典》系列、敦煌系列等入选全国百佳文化创意产品。组织开展"我与中华古籍"创客大赛，由设计人员围绕各古籍收藏机构的经典古籍元素，衍生出服装、灯具、文具、餐具、玩具等文创产品，推动中国古典文化与当代创客精神相结合。

三、古籍数字化智慧化应用技术公司调研

调研团队选取了北京大学数字人文研究中心、字节跳动公益基金会、汉王科技股份有限公司、中图云创智能科技有限公司等在古籍数字化智慧化研发领域较为活跃的机构和企业进行线上调研和线下交流，学习了解典型应用案例。

1.数字人文驱动古籍"远读"和"近读"——北京大学数字人文研究中心

北京大学数字人文研究中心的宗旨是打造数字环境下人文学科发展的信息基础设施，探索智能时代数据驱动的人文研究范式。研究中心将数字人文的研究范式引入古籍领域，利用自然语言处理、深度学习、本体与知识图谱、信息可视化，交互设计等技术，逐步开发了中国古代历史人物迁徙可视化（图

2-8）、"宋元学案"知识图谱系统（图2-9）、"吾与点"古籍智能处理系统、识典古籍阅读与整理平台、《永乐大典》高清影像数据库系统等研究平台，为文史专家、古籍整理人士、古籍爱好者和普通网民进一步利用古籍资源提供了便利工具。

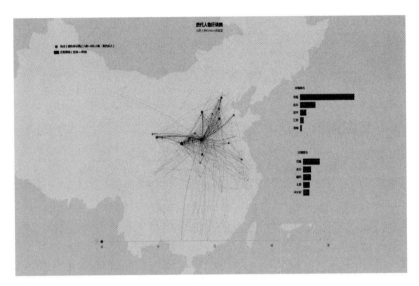

图2-8　中国古代历史人物迁徙可视化平台示例

图2-9　"宋元学案"知识图谱系统首页

2.融媒技术助力古籍大众化破圈传播——字节跳动公益基金会

字节跳动公益基金会依托字节跳动自身技术优势和产品能力，致力于古籍修复、古籍数字化、古籍活化等工作，助力古籍保护与传承。2021 年，中国文物保护基金会与字节跳动联合设立"字节跳动古籍保护专项基金"，定向用于中国文物保护基金会、国家图书馆（国家古籍保护中心）与字节跳动三方合作开展的古籍修复、人才培养等公益项目。2022 年，字节跳动与北京大学联合成立"北京大学—字节跳动数字人文开放实验室"，搭建了识典古籍阅读与整理平台（图 2-10），让古籍能够以文本的形态加以检索、关联阅读，以及深度挖掘与利用。

在古籍活化方面，字节跳动依托抖音、今日头条、西瓜视频等内容平台，推出纪录片，联合知名高校推出名师课，同时联动创作者创作优质古籍内容等。纪录片《穿越时空的古籍》系列，从美食、服饰、家谱、文字等与当下人们生活相关的议题切入，"寻找古籍守护人"活动，邀请专家、平台创作者以古籍修复、文本解读、美食复原、插画设计等主题在新媒体平台普及古籍相关知识。此外，字节跳动还通过沉浸式探馆直播、古籍研学体验、古籍市集打卡、古籍文创等形式面向大众传播古籍相关内容。

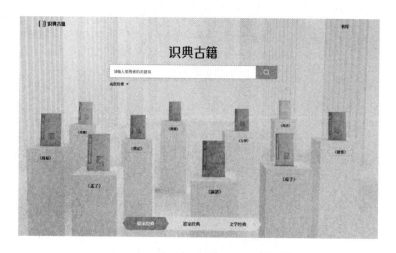

图2-10　识典古籍阅读与整理平台

3. NLP 技术为古籍数字化一体化提供解决方案——汉王科技公司

汉王科技股份有限公司在古籍行业有多年的经验积累，主要面向图书馆、高校、研究院所等古籍保护单位提供古籍保护与利用解决方案，开发了一系列古籍高精度扫描仪（图 2-11），重点解决古籍存不住、读不懂、用不了、传不开等核心问题。汉王科技作为光学字符识别（OCR）技术研发和应用的先驱，在文本分类、聚类、结构化数据抽取、知识抽取、知识图谱、机器阅读等在内的自然语言理解（NLP）技术有了飞跃式的发展。这些技术为汉王科技深耕古籍修复、古籍扫描、古籍全文识别、古籍智能句读、古籍自动分类、构建古籍知识图谱、古籍内容管理与发布、古籍知识库建设等领域提供了坚实的保障。

图2-11　古籍高精度扫描仪器

4. 数智技术引领"元宇宙阅读"新风尚——中图云创公司

中图云创智能科技有限公司定位于创新型阅读科技公司，积极探索数字技术在古籍等传统文化领域的应用，让古籍在 5G 新阅读时代和元宇宙时代焕发新的生机与活力。中图云创通过数字化、科技化、全景化的技术手段"唤醒"并"活化"中国国家图书馆等国家级文化机构的珍贵馆藏，助力中华优秀传统文化创造性转化与创新性发展，让馆藏珍宝"破圈"传播。同时，通过全景视频服务平台、全景展厅、5G 阅读树等产品，为公共文化机构打造智慧化沉浸式阅读空间，促进公共文化服务智慧化建设，探索文化普及传播新模式。

此外，中图云创还通过聚合和开发优质 IP 资源，以"流量＋内容＋科技"的模式，融合线上虚拟数字 IP 形象开发与线下品牌主题沉浸展运营，创建面向个人用户的 VR 沉浸式文化消费体验场景（图 2–12），为消费者特别是青少年、Z 世代用户提供形式新颖活泼的优质文化内容。

图2-12　VR沉浸式文化消费体验场景

四、文旅行业古籍数字化智慧化服务调研

古籍文献开发包括文献整理、汇编出版和数据库建设等模式，近年来，业界兴起了古籍文献文本挖掘、数字化呈现与深度开发等建设。

1. 中国第一历史档案馆的古籍数字化服务

中国第一历史档案馆是专门负责收集管理明、清两朝及以前各朝代中央机构形成档案的中央级国家档案馆，档案馆新馆于 2022 年正式面向社会公众开放。馆藏明清档案 1000 多万件（册），数字化档案 833 万件，电子数据总量达 6.8PB，通过"在线档案目录检索＋现场查阅"的模式，为社会公众提供数字化档案的查询服务。

2. 敦煌研究院"数字敦煌"项目建设实践

敦煌研究院的"数字敦煌"项目将敦煌石窟的壁画、彩塑、建筑、藏经洞出土的文物、遗址周围的环境数字化，将产生的海量文字、图像、音频、视频、三维数据、全景漫游数据，建立数字资产管理系统。敦煌研究院"数字藏经洞"项目于 2023 年 4 月 18 日正式上线。综合运用高清数字照扫和全局动态光照等科技手段，生动再现藏经洞及百年前室藏 6 万余卷珍贵文物的历史场景，让公众通过 3D 文物展陈大厅零距离欣赏古迹，身临其境"参与"藏经洞从洞窟开凿、封藏万卷、重现于世、文物流散，到再次聚首的全历程。

第三节　现状及问题

一、古籍数字化利用率不高

利用计算机技术整理古籍的重心逐渐从古籍保护向利用、发现等方面转移。初期建设焦点在"存储介质转换"方面，随着新一代信息技术逐渐成熟，古籍数字化由支撑古籍发现（古籍检索、古籍目录、古籍数据库建设等）与古籍整理（标点、校勘、注释、今译等）向更深的知识组织、知识发现、知识服务等转变。目前，基层古籍文献的利用率和流通率较低，特别是少数民族古籍文献的数字化建设进程缓慢。

二、古籍内容挖掘深度不足

近年来，古籍的全文语义分析、字（词）频统计、信息挖掘、数据关联、自动校勘、自动标点、自动注释、自动翻译等成为研究重点。但古籍资源的开发层次仍然较浅,古籍的开放程度仍然较低,专业古籍服务不适合普通读者,古籍的服务形式缺乏针对性。

三、存在供需失衡矛盾

古籍数字化建设已初步形成以图书情报领域为主导、社会各界力量广泛参与的协同机制(图2-13)。但古籍的宣传与推广仍然存在未触达"最后一公里"的问题,大量用户对古籍资源表现出浓厚的兴趣,但多元的古籍资源推广仍然呈现"供不应求"的现象。

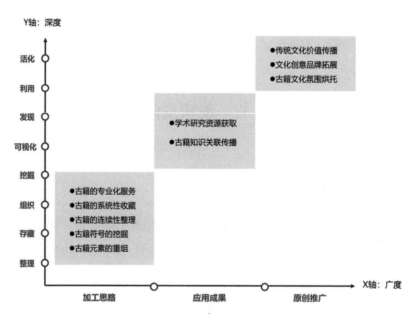

图2-13　古籍数字化建设的发展坐标

四、文化IP的开发亟须创新

古籍文化主题的开发往往集中于文史领域,不少经典文学巨著已得到不同单位的反复开发,中医、数学、物理、天文等自然科学领域的古籍尚未进行有效的数字化呈现。

五、古籍与新技术的深度融合需要加强

虽然出现了一批以古籍IP为主题的虚拟现实、增强现实、混合现实的作品，但古籍数字活化作品的沉浸性、智能化、交互感等潜力还远未发掘，"数字古籍＋智慧文旅"的应用空间广阔。人工智能、大模型等新技术的出现，有望为开创古籍数字活化利用的新局面提供崭新的思路。

六、古籍大众传播的快餐化、同质化等现象逐渐浮出水面

古籍题材创作缺少垂直领域深耕作品，受众通过碎片化信息难以拼凑出完整的古籍知识体系，古籍的宣传推广仍然存在供不应求的问题。

七、古籍知识内容标引的规范化程度亟待提高

古籍数字化建设主体在建设过程中往往缺少统一的技术规范，基层古籍知识化标引的工具和平台普及率仍然较低，这导致古籍内容著录、标引、检索等项目的建设质量参差不齐。

第四节　难点与挑战

从《永乐大典》"VR全景文化典籍"项目来看，目前，国家图书馆开展VR古籍阅读推广活动仍然存在内容与技术脱节、设备成本过高、用户体验感不强等问题，破解难题的方法包括强化阅读推广的内容本源观念，探索开发共享VR阅读体验馆，以及增强合作开放性等。

一、强化"内容为本"，避免内容与技术脱节

虚拟阅读的发展在某种程度上反映了当今社会浮躁化、去文字化的阅读特点，"碎片化"的阅读趋势解构了人们传统的阅读方式。但VR技术只是新

型阅读内容建设的载体，阅读场景和内容叙事才是新型阅读资源建设的"内核"。图书馆应将VR技术场景与图书馆文化场景和文化吸引物对接，以技术丰富文化，坚持"以内容为本""以人为本"，强化阅读推广的内容本源，重构新型数字资源的场景叙事逻辑。"VR+阅读推广"的融合需要推广主体坚持以知识内容为服务根基，把VR技术作为促进传统资源整合、关联和挖掘的工具，力图提供深层次、立体化、增值型的知识服务。

二、探索"共享体验"，克服设备成本过高问题

新型VR阅读资源制作成本高昂是其大规模应用的障碍。内容生产方面，因VR的拍摄和制作环节较为复杂，受设备水平和制作技术条件的限制，全景影像的生产普及有较大的难度；发布终端方面，VR产品虽然已经能够在手机、电视、平板等便携式终端以360°的形式观看，但最佳的观看方式还是需要依靠3D大屏、VR眼镜、VR头盔等硬件设备。

桌面式的VR系统成本较低，但沉浸感体验效果欠佳；环形大屏和可穿戴的VR头盔、眼镜能够带来更为强烈的沉浸感，但采购成本、运营成本和对服务场所的要求都较高。

线下共享VR阅读体验馆的出现，为VR阅读推广提供了一种新的思路，图书馆可以在商场、机场、电影院、阅读空间中设立线下共享VR体验馆，制作高质量、有吸引力的VR阅读产品，充分发挥公共图书馆的社会效益。

三、开拓"合作运营"，追求高质量阅读服务

虚拟现实主要靠营造视错觉感受三维造像的立体效果，因此用户在使用VR设备过程中会不可避免地产生一定的眩晕感，这必然导致阅读时长的减少和阅读内容的浅显化。

目前，VR阅读产品的内容生产仍处于探索阶段，创意场景的设计多以图书馆或开发商为主体，缺乏对用户需求和反馈的调研，内容生产容易陷入

形式单一、系统性不足的窠臼，这将导致 VR 阅读推广的长远发展缺乏潜力。图书馆应根据自身实际，结合馆情和业务发展需求，深度挖掘特色内容资源，探索与出版社、通信服务商、技术开发公司等构建多元合作的运营模式，整合资源、人力、技术等要素，追求高质量阅读体验服务。

需要注意的是，阅读是一个进阶式增强的学习过程，是一个由表及里、由浅入深的过程，阅读推广服务旨在解决图书馆资源价值与人文精神的实现问题，虚拟现实技术的赋能只是手段，并不是最终目的。

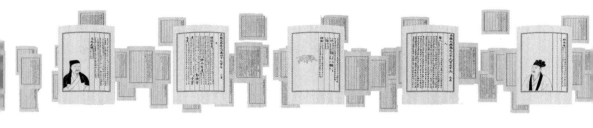

第三章
古籍新型数字资源建设模式研究

古籍是不同历史时期、彰显民族特色的珍贵文献,是民族文化的重要载体,是跨越时空的历史卷帙,对于赓续中华文脉、弘扬民族精神、增强国家文化软实力具有重要意义。2022 年中共中央办公厅、国务院办公厅印发了《关于推进新时代古籍工作的意见》,强调要"做好古籍普及传播。加大古籍宣传推广力度,多渠道、多媒介、立体化做好古籍大众化传播",对各类古籍存藏机构应用现代技术手段、加快古籍资源转化利用提出了更高要求。

古籍保护分为原生性保护、再生性保护和传承性保护,原生性保护和再生性保护强调对古籍自身的数字化整理,传承性保护则是通过阅读推广和内容抽象等方法推动古籍的合理利用。公共图书馆作为全民终身学习的重要基础设施,一直在推动全民阅读、创新服务模式、提高国民文化素养方面发挥着巨大作用。在当下虚拟现实、人工智能、元宇宙等技术赋能的"数智时代",公共图书馆更需要抓住机遇,主动利用新技术赋能古籍智慧阅读。

本研究对近 5 年"阅读推广 + 图书馆 + 古籍"的研究态势展开分析,发现"阅读推广 + 图书馆"相关研究已进入成熟阶段,相关论文发表数量逐年增长,研究主题集中在阅读推广的理论、现状、效果和模式分析,新技术环境下阅读推广的智慧化转型成为重要的研究方向。"虚拟现实"自 2020 年起成为新兴研究热点,关键词涉及"全景漫游""数字孪生""沉浸体验"等;"古籍阅读推广 + 虚拟现实"相关研究在 2021 年后呈现明显增长趋势,研究角度涉及"AR 阅读""古籍短视频""元宇宙与阅读推广""古籍文本可视化""古籍阅读体验"等。张宁[1] 等基于"VR+ 文化"视角,从载体、内容、读者、感官、深度、记忆 6 个角度归纳了虚拟现实推动古籍阅读与传统文化传播的发展趋势;

[1]　张宁, Miguel Baptista Nunes, 李俊炀, 等 . 面向中华古籍阅读推广与文化传播的 VR 系统模型构建与实现 [J]. 图书情报工作, 2021, 65(13): 12—24.

贾娟[1]对快手、抖音和西瓜视频三大短视频平台上古籍相关数据进行统计分析，探讨古籍短视频推广发展的策略；欧阳剑从古籍文本处理方法与可视化技术两个角度探讨了古籍的数字人文研究[2]；傅宝珍分析了知识服务背景下古籍阅读推广的困境，提出了构建虚拟古籍阅览室、古籍 VR 阅读资源库等实施路径[3]。综合来看，关于"虚拟现实＋古籍＋阅读推广"的研究聚焦于前景展望和路径探讨，将虚拟现实技术应用于古籍阅读推广建设实践的研究成果还较少，现有的研究结果无法全面反映"古籍阅读推广＋虚拟现实"的应用现状，虚拟现实技术在古籍智慧化阅读推广中的应用路径等尚不明确。为此，本章首先从宏观角度对智慧化阅读推广的理念进行概述，在对"虚拟现实＋古籍阅读推广"的应用案例进行调研的基础上，分析虚拟现实技术在古籍智慧化阅读推广中的应用场景，从内容叙事、视觉呈现、共情机制和传播策略四个角度分析国家图书馆"VR 全景文化典籍"的建设实践，以此构建"虚拟现实＋古籍"的阅读推广路径，以期为虚拟现实技术在古籍智慧化阅读推广中的应用和实践研究提供思路和参考。

第一节　古籍特藏活化利用的生态变革

2014 年至 2025 年，"全民阅读"被写入国务院政府工作报告，"数字阅读"作为"全民阅读"的重要呈现形式，经历了 3G 网络下以电纸书为代表的图像阅读 1.0 时代和 4G 网络下以音视频平台为代表的 2.0 视频阅读时代，逐渐进入到 5G 网络支持下的三维立体阅读时代。伴随人工智能、虚拟现实、元

---

[1] 贾娟 . 短视频古籍推广调查及发展策略 [J]. 图书馆论坛，2020，40（08）：131—137.

[2] 欧阳剑 . 数字版权视域下的数字人文应用平台构建模式研究 [J]. 数字图书馆论坛，2022，（02）：60—66.

[3] 傅宝珍 . 知识服务背景下古籍 VR 阅读推广研究 [J]. 图书馆工作与研究，2022，（01）：108—115.

宇宙等智能技术与阅读产业的日益融合，阅读介质与阅读方式呈现多样化趋势，智慧化阅读逐渐成为数字阅读行业发展的新趋势，也得到学界的广泛关注。汤尚[1]认为"5G+"时代图书馆智慧阅读服务的新生态包括阅读空间服务、泛在阅读服务、情景阅读服务、智能荐读服务、在线 MOOC 和阅读认证服务；张泸月[2]认为智慧阅读强调"以读者为中心"的模式，重视阅读的互融互通和多视角决策；杨红岩[3]提出智慧化阅读已逐渐向"阅读＋互联网""阅读＋多元业态""阅读＋社交"的方向拓展。笔者认为，智慧化阅读已成为数字阅读的新模式，图书馆在搭建智慧阅读服务平台的基础上，深度获取阅读服务对象的需求、开发智慧阅读内容和构建智慧阅读服务体系，驱动数字阅读的版权征集、模式创新、内容创作、传播发布、营销推广，向着"万物互联、万物皆媒"的目标发展，用户通过轻量型设备即能拥有沉浸式阅读体验。

古籍阅读属于小众化的阅读领域，存在知识内容获取困难、晦涩难懂、认知理解负荷大等问题，一直以来是"阳春白雪"式的存在，容易陷入"业内一片叫好，社会阅读低迷"的境地。受众普遍知道古籍重要且深奥，但对其具体内容却全然不知。虚拟现实技术通过创建仿真的虚拟环境，打破时空界限，充分调动人的视觉、听觉、触觉、嗅觉、味觉、运动等多种感官，具有想象性（Imagination）、交互性（Interaction）和沉浸性（Immersion）的特点，在激发受众对中华优秀传统文化的兴趣、降低古籍阅读困难、随时随地获取知识服务、提供沉浸式学习服务方面，具有得天独厚的优势。

古籍智慧化阅读主要有五层含义。一是古籍阅读的要素解构。以古籍数字化成果为对象，提取其中的中华优秀传统文化元素、符号和标识，丰富中华优秀传统文化基因的表达。二是古籍阅读的全景呈现。运用全息影像、三

[1] 汤尚.图书馆元宇宙赋能智慧服务研究[J].图书馆工作与研究,2023,（05）:22—27,74.

[2] 张泸月.智慧阅读推广:智慧阅读时代的新常态[J].图书馆建设,2018,（07）:72—79.

[3] 杨红岩.5G与AI融合背景下社交图书馆阅读服务新发展[J].出版广角,2020,（10）:82—84.

维呈现等方式拓展古籍阅读新场景，打造高仿真、跨时空的数字阅读新体验。三是古籍阅读的立体感知。阅读不再限于看，还包括听、说、写、身体感知和心灵意识等多种阅读体验，通过调动读者的听觉、视觉、触觉等多种感官，达到深度阅读的效果。四是古籍阅读的载体多元。智慧化阅读的载体超越了时空限制，具有万物互联、深度融合的特征，通过将纸本资源、有声资源、三维立体资源直接上云，构建知识库、产品库、素材库，可以在传播环节实现"云端—终端"直达。五是古籍阅读的环境智能。读者、作者与推广者在相互协同的过程中，通过深度整合阅读资源、知识应用与人际关系，构建起无边界的扁平化阅读网络，最终实现阅读过程的全面感知、阅读决策的智能分析和设备设施的智能交互，多维度促进阅读环境和业务流程的有机互动。

近年来，许多机构根据市场的变化，开发了古籍智慧化阅读产品，让古籍里的文字活起来，在虚拟现实技术的赋能下，古籍的智慧化阅读推广表现出"叙事呈现场景化""阅读服务沉浸化""阅读空间人性化"的特征。

一、赋能古籍阅读资源的叙事呈现

VR 打破了传统影视、游戏、娱乐、出版等领域的界限，让纸质古籍内容生动起来，催生了多元化的古籍阅读情境，古籍阅读资源的叙事呈现表现出"场景化"的发展特点。虚拟现实主要从内容交互和修复流程再造两个方面创新古籍阅读资源的叙事呈现方式。

内容交互方面，首都图书馆开发了《燕京岁时记》VR 作品，用二十四节气将《北京风俗图谱》《耕织图》等京味文化典籍中记录的民俗风情进行串联，让读者在虚拟时空中感受原汁原味的北京特色民俗；荣宝斋与中图云创公司合作开发了《华山云海图》《皆山园图卷》等 VR 作品，让读者走进画中，体验在云海中翱翔和在乡野河上泛舟的古画情境；故宫博物院特设了"发现·养心殿——主题数字体验展"，游客可通过大型投影屏幕、虚拟现实头盔、体感捕捉器、可触摸屏等设备，体验与朝中重臣对话及批阅奏折等活动，以趣味的方式了解历史。

修复流程再造方面，VR 技术将古籍修复的过程在 3D 场景中进行还原，让读者充分了解古籍修复的步骤。专业古籍存藏机构还可以利用 VR 技术培训古籍修复师，围绕古籍修复工艺、修复过程、修复材料等主题建立古籍修复知识图谱，实现古籍修复知识、图片和影像数据的快速检索。中国（海南）南海博物馆开发了"5G+AR"文物修复助手系统，文物修复人员借助轻便型的智能眼镜终端和摄像头采集文物数据，并将数据传输至湖北省文物交流信息中心，利用实时视频、AR 标记等方式，达到"面对面"指导文物修复的效果。

二、创新古籍智慧阅读服务方式

古籍存藏机构在积累大量古建筑、文物和书籍三维数据的基础上，通过全景拍摄或 3D 建模技术，将具有重要文化内涵的古籍纸本文献和藏书环境进行复原，利用 AR、全息影像等现代信息技术，打造虚拟书柜、720° 全景展示、AR 互动、特效影院、数字沙盘等智慧化展厅场景，向观众生动地传递出古籍所蕴含的历史风貌，带给观众身临其境、虚实相生的体验。

2018 年，故宫博物院在互联网上推出了故宫博物院 VR 全景服务，让无法亲临故宫的人可以在互联网上身临其境欣赏故宫博物院的壮观景象。故宫还开设了 AR 游览服务，游客扫描故宫的牌匾、文物实景，在 App 端即可获取立体的文物投影及相关历史影像，还可以看到虚拟形象的皇帝、阿哥、格格与游客互动。中国大运河博物馆打造了 360° 多媒体循环剧场，通过循环造景方式串联起书画等典籍作品，打造"水、运、诗、画"四个文化主题，创造移步换景的参观体验。

三、助推图书馆立体阅读空间建设

立体阅读空间是图书馆新时代转型的重要产物，其智慧化建设呈现出"人性化"的发展特征，既包括基于物理空间开展阅读服务，也包括利用虚拟阅读空间增强读者的感官体验和认知体验。一方面是对图书馆物理空间设施的改造，例如，为古籍阅览室配备智能设备，对温湿度、空气质量、光照度、紫外线强度等环境数据进行实时采集和动态监测，为古籍阅读环境的精细管理、风险预警和应急响应提供保障；另一方面，打造虚拟阅读空间，利用"5G+VR/AR"技术打破传统图书馆的空间限制，让读者漫步云端"逛"图书馆，随心所欲享全景内容，将图书馆新阅读空间的建设从以书为中心，转变成以人为中心。例如，四川省图书馆在智慧阅读空间中配置了"瀑布流电子借阅系统"、自助借阅柜、数字书法机等新型设备。南充市图书馆新馆打造了 VR/AR 体验区、云桌面阅读、自流屏阅览等新兴数字化业态。首都图书馆建设副中心图书馆，对北京地方文献馆藏进行主题开发，提供非遗项目、老照片、舆图、拓片等多种类型数字资源的线上阅览，还设立古籍修复体验空间，定期开展古籍文献科普讲解。

从整体来看，在虚拟现实技术发展已趋于稳定的背景下，古籍类新型阅读产品的"破圈"已不再依靠抢占新技术，更多地关注古籍内容与成熟技术的融合。

第二节 古籍特藏全景呈现与传播的模式总结

一、数据驱动的古籍数字内容建设模式

《中国古籍总目》显示，我国现存古籍约有 20 万种。古籍数字化从根本上改变了传统古籍的保护逻辑。在数字采集与加工方面，数字摄影、OCR 文字识别、三维扫描等技术，实现了古籍内容的自动识别与影像采集。在虚拟修复与再现领域，现有计算机技术与 AI、PS 等修复技术的融合，实现了古籍虚拟数据的提取与修复。

1. 数字采集与加工

古籍数字化工作是智慧化服务的根基，中华古籍智慧化服务平台以各种类型的古籍数据库为基础，利用自动化方式对古籍资源进行图像扫描、OCR文字识别、二次文献标引和全文索引。例如，OCR智能识别采用先进版式分析、精细化切分、模块化加工等技术手段，有效提升古籍数字化的效率和质量。

古籍数字化工作主要侧重建立大量古籍资源数据库，包括书目数据库、影像资源库、知识库等，其中代表性项目有中国基本古籍库、中华经典古籍库、中国历代典籍总目分析系统、爱如生中国基本古籍库、上海图书馆古籍书目数据库、书同文古籍数据库等。国家图书馆"中华古籍资源库"、中华书局"籍合网"、上海古籍出版社"汇典"等项目，极大推动了古籍数字化和保护事业的发展。"中华古籍资源库"是国家图书馆建设的综合性古籍特藏数字资源发布共享平台，是"中华古籍保护计划"的重要成果。2023年9月，"中华古籍资源库"发布新建国家图书馆馆藏"民族文字古籍特藏""各地民族文字古籍特藏"和"珍秘公天下"三个专题库。"中华古籍资源库"在线发布古籍资源超过10.3万部（件），已成为全国古籍资源类型和品种最多、体量最大的综合性资源共享发布平台。2023年10月，数字古籍平台"识典古籍"上线，依托文字识别、自然语言处理、知识图谱等智能技术，实现字典释义、文白对照、繁简转化等功能，助力中华典籍数字化整理，并向全社会免费开放。截至2024年底，识典古籍平台已上线1600余部古籍，并免费对公众开放。国家图书馆还通过海外中华古籍调查暨数字化合作项目，推进日本、韩国藏中国古籍总目编纂，哈佛燕京图书馆、法国藏敦煌文献、日本东京大学东洋文化研究所、日本永清文库等一批海外珍贵古籍以数字化形式回归，《永乐大典》"湖"字册、日本永青文库汉籍实现实体回归。

数字化让古籍从深藏高阁飞进千家万户，成为大众共享的文化资源。学者借助检索工具，可以将数据库中典籍内容"一网打尽"、尽收眼底；对普通读者来说，技术应用也有助于实现古老典籍内容的当代转换，降低阅读门槛。

2. 虚拟修复与再现

国家图书馆深入实施中华古籍保护计划、革命文献与民国时期文献保护计划等重点文化工程，联合全国各级各类古籍存藏机构，深入推进古籍保护修复、挖掘阐释和传播利用等工作，取得一系列重要成果。

一方面，垂直细分领域的古籍数字化建设已成趋势，国家统筹布局了"中华古籍总目"、古籍数字化版本资源库、古籍整理出版数字化资源库、古籍专题资源库等各类建设项目；另一方面，建设一个具有权威性、通用性、公益性的古籍数字化资源总平台成为古籍数字化建设的重要方向，其目标是建成覆盖全国、统筹利用、统一接入的"一站式"古籍数字资源枢纽体系。

二、场景驱动的古籍知识化服务模式

古籍文本结构化、知识体系化、利用智能化是古籍服务转型升级的重要方向。将大数据、语义网、自然语言处理等新兴技术引入古籍版本鉴定、校勘、辨伪、辑佚、标点、注释、翻译等环节，可实现对古籍文献进行细颗粒度标引、深度知识挖掘、语义组织与关联揭示，从全域知识角度多元呈现中华文脉的历史发展脉络。古籍资源与数字技术的深度融合，不仅改变了古籍的表现形态，而且充分挖掘了古籍的知识内涵和资源价值，形成了海量的古籍数据资源，逐步实现古籍从"数字化"向"数智化"升级，满足用户日益多元的数字文化消费需求。

1. 内容的知识化标引

自然语言处理、语义关联、可视化分析、社会网络分析、语言指纹分析、GIS 时空分析等技术在古籍工作中的成功应用，使古籍数字资源可以满足更广领域、更深层次的文献加工整理需求。通过扩充与古籍相关联的人物信息、时间、地名等知识，把不同类型、不同颗粒度的古籍文献内容关联、整合和集聚起来，建立古籍知识关联网络，实现古籍知识存储、编辑、标引、知识挖掘和知识发现等功能，满足古籍内容价值深度挖掘和再创造需求，以进一步发现古籍内在的隐含知识，使传统的古籍内容大大增值。

一方面，扩充与古籍相关的人物、时间、地名等知识，把不同类型、不同颗粒度的古籍文献内容进行关联和整合，从而构建古籍知识网络，实现古籍的知识内容存储。通过条目编辑、知识挖掘和知识标引，进一步实现古籍内容的增值。另一方面，围绕古籍的年代、编撰者的籍贯、收藏地等进行分析，帮助研究者全面了解古籍的版本及版式信息，了解古代学术的发展沿革，考察版本的源流，理清流变的脉络，利用算法在国际知识网络上计算不同学者的社会关系，从而挖掘出古代文化的发展变迁。

近年来，全国各类研究与实践聚焦古籍的知识化处理：国家图书馆建设了"中华古籍资源库"，在线发布资源超过 10 万种；北京大学与抖音合作共建的"识典古籍"平台已汇集经、史、子、集等 2200 余部，面向海内外读者免费开放；阿里巴巴研发的"汉典重光"古籍平台，将首批回归的珍藏于美国伯克利的古籍善本全部进行了数字化，准确率达到 97.5%。在全国智慧图书馆体系的支持下，国家图书馆与北京大学、字节跳动等合作开发了《永乐大典》高清影像数据库，生动展示《永乐大典》的产生、流转、现状、意义，呈现《永乐大典》高清图像、整体风貌及相关知识，对部分内容做知识标引示范，为后续《永乐大典》的知识体系化、利用智能化进行探索；联合北京大学数字人文研究中心合作研发《国家珍贵古籍名录》知识库，将国家珍贵古籍名录的广阔地域分布和繁杂人物关系形成系统的知识图谱；建设民国时期地方文献知识库，遴选 300 余种、13 万页馆藏民国时期出版的地方志等文献资料，综合运用语义分析、深度学习、自然语言处理等多项信息技术，完成知识资源细颗粒度建设和标签标引，打造对照阅读、知识检索、知识图谱等服务功能，面向社会公众和国家图书馆注册用户提供互联网服务；建设"'山海经'知识库建设"项目，应用智能技术实现多维度阅读展示、场景分享和互动体验；建设中华优秀传统文化图典素材库，从历代典籍中系统搜集整理 10 万张传统文化图像资源，规范著录、细致标引、合理分类，实现传统文化元素的新解析、再创作。

国家图书馆联合北京大学和字节跳动等机构，通过跨系统、跨单位的合作，为古籍智慧化服务提供了一个合作样板，为后续进一步做好《永乐大典》的知识体系化、利用智能化打下了很好的基础，也为未来全国智慧图书馆体系建设提供一个可资借鉴的重要模式。

2. 知识图谱可视化展示

在知识关联性方面，知识图谱的构建有助于研究者全面观察古籍版本及版式信息，了解古代学术的发展沿革情况，考察版本源流，理清流变脉络。研究者可以使用算法在古籍知识网络中计算编撰者之间的学术和社会关系，从更深层次挖掘我国古代文化的发展与变迁；通过在古籍文献中分析编撰者、编撰时间、编撰方式、版本特征等多个维度的相关性，进一步揭示古籍数据背后隐藏的丰富知识，突破传统的单一数据源统计分析的模式；还可以通过本体知识或者规则推理技术获取数据中的隐含知识，通过链接分析发现实体间隐含的关系，通过不一致检测技术发现古籍数据编目中的噪声及差异。

古籍编撰者空间信息可视化分析功能，可以为文学地理的空间环境分析提供新的研究方式，为典籍研究者提供更为基础的数据服务。

第一，知识抽取。知识抽取主要包括辞书本体建模、被训释词抽取、训释词语抽取、句子抽取和关系抽取，辞书本体建模是定义辞书实体概念类、层次、属性关系及其约束的模型结构，本体是共享概念模型的明确、规范化的说明。知识图谱数据存储是依据本体建立映射规则，将词表文件映射为三元组结构并转换存储为 RDF 序列格式文件，使之可以被查询利用的过程。语义搜索中的应用要求能精确理解用户搜索意图以及所搜资源的含义，并准确返回符合要求的资源对象。

在展示层面，中华古籍的数字化服务在发展中需要不断融汇云原生技术和中台技术，构建开放的软件应用生态，实现多种古籍数据类型的管理，集成古籍业务管理系统、数据仓储系统和知识库系统，通过多维融合知识服务的方式实现服务应用展示。结合古籍自身特点，从传统古籍（经、史、子、集）、时空（人、地、时、事）、学科（天文、地理、艺术、哲学）、善本特藏（舆图、碑帖、方志）等维度对主题进行分类，构建平台信息导航结构，提供全文检索、知识导航、多格式下载等功能，通过阅读辅助和知识拓展等方式搭建阅读场景，对古籍文本、关系、时空等进行图谱可视化，提供各类知识网络分析、远读和细读工具等，逐步触发用户的古籍阅读探索动机。

第二，知识服务与知识重组。古籍的知识内容服务采用语义技术构建古籍数据的互联互通框架，依据转换、发布、关联流程，融通跨机构资源。该服务利用知识细颗粒度标引与知识图谱技术，解析不同类型古籍资源的体例、内容和知识内核，构建古籍知识语义模型，抽取古籍文献中的实体、关系、属性、事件等知识要素，通过可视化图谱的方式构建古籍知识全域图谱，展示中华文脉的核心逻辑结构、历史发展、整体知识架构和动态发展规律，最终为古籍的专业化研究提供形象的、可视化的、有价值的参考。古籍的知识内容服务，立足点是用户服务，其目标是建立起一套完备的一站式的古籍检索系统，构建知识、版本、版式、时间、地理、人物的知识库，并提供各种大规模的古籍统计分析数据挖掘与知识推理服务，帮助研究者进行大规模的目录整理，满足不同研究者的需求。知识图谱作为一种基础性的知识服务平台，可以为普通大众提供基础性的典籍知识服务，更可以为全国的古籍普查工作提供编目参考。

在古籍版本的对照考镜源流方面，古籍知识库的建设有着巨大优势，能够帮助研究者快速了解古籍版本特征以及装帧特征，为相关研究提供强大的多维分析功能。例如，同一古籍的编纂者之间通常具有一定的关联，古籍目录中的编纂者信息是研究编纂者之间学术和社会关系的重要线索，研究者通过定量分析，可以挖掘更多的学术合作、学术传承、交流往来等关系。对典籍知识内容的语义标注和链接，可以建立以知识为中心的资源语义集成服务，从而形成由节点属性及边构成的立体古籍知识关联网络。目前，古籍知识图谱在实践工作中开始大范围采用计算机自动获取与标注的方式，但由于缺乏足够的人工数据审校，计算数据难免存在一些问题，数据的质量有待提高，基于知识图谱的智能问答和知识推理等功能有待进一步深入研究与开发。

例如，浙江大学徐永明教授团队开发的"智慧古籍平台"，在提供文本分词、标注、释义、文本翻译等功能基础上，为用户呈现古籍著者的世系图、社会关系图等。北京大学数字人文研究中心上线"文献溯源分析平台"，能够呈现词语在古籍文本中的出现频次、共现情况等，并可追溯句子的来龙去脉，观察句意相似句子在形式和内涵上的流变过程。利用人工智能和大数据技术，北京大学数字人文中心在从先秦到明清跨时代的大规模古籍文本语料整理上，已实现对古文本的自动句读，平均准确率达到94%，同时实现了对人名、地名、时代名、职官名、书名的自动识别，在中古史料上的准确率接近98%。"《宋元学案》知识图谱可视化系统"，对240万字的《宋元学案》进行了文本处理和分析，将2000多位宋元理学学者、近100个学术流派所涉及的人物、时间、地点、著作等提取出来构造成知识图谱。

第三，古籍文本结构化、知识体系化、利用智能化，这是古籍服务转型升级的重要方向。馆藏机构通过将大数据、语义网、自然语言处理等新兴技术引入古籍版本鉴定、校勘、辨伪、辑佚、标点、注释、翻译等环节，实现了对古籍文献进行细颗粒度标引、深度知识挖掘、语义组织与关联揭示，可以从全域知识角度多元呈现中华文脉的历史发展脉络。近年来，全国各类研究与实践聚焦古籍的知识化处理，国家图书馆建设了"中华古籍资源库"，在线发布资源超过10万种；北京大学与抖音合作共建的"识典古籍"平台。

第四，古籍数据可视化关联。古籍智慧化服务一般采用语义技术构建古籍数据的互联互通框架，依据转换、发布、关联流程，融通跨机构资源。知识细颗粒度标引与知识图谱技术，可解析不同类型古籍资源的体例、内容和知识内核，构建古籍知识语义模型，抽取古籍文献中的实体、关系、属性、事件等知识要素，通过可视化的图谱的方式构建古籍知识全域图谱，展示中华文脉的核心逻辑结构、历史发展、整体知识架构和动态发展规律，最终为古籍的专业化研究提供形象的、可视化的、有价值的参考。例如，北京大学数字人文研究中心打造的"文献溯源分析平台"，能够呈现词语在古籍文本中的出现频次、共现情况等，并可追溯句子的来龙去脉，观察句意相似的句子在形式和内涵上的流变过程。此外，北京大学数字人文研究中心还上线了"中国古代名人迁居地图""中国古典诗歌声律分析系统"等平台。

三、受众驱动的古籍全样态呈现模式

1. 古籍新媒体传播矩阵

通过"媒介扩展＋全域覆盖"方式构建融媒时代古籍新型传播矩阵，古籍的大众化传播普及成果全面开花，《典籍里的中国》《山海奇幻夜》《穿越时空的古籍》等视听节目不断探索古籍影像的叙事策略创新，助力"古籍破圈"的短视频的能见度也越来越高，抖音平台＃寻找古籍守护人＃话题播放量超过 26.1 亿次，＃古籍新说＃、＃千年古籍在抖音动起来＃等话题的播放量均超过 2.5 亿次。

古籍的转化利用是根据中华文脉助力民族复兴的重要策略，是一项关系弘扬民族精神、建设文化强国、助力民族复兴的重要事业，是创造古籍工作新业态的必由之路。利用数字人文创意、大数据、云计算、人工智能等新一代技术，可以不断地为古籍的转化利用赋能，消除技术鸿沟，从而形成古籍工作的新模式和新业态，让古籍资源在转化中重焕光彩。新的阅读场景和新的阅读体验，为用户提供身临其境的知识传播环境，让古籍阅读无处不在。异域传播推动中华优秀传统文化走向世界，促进中外文化交流互鉴。

古籍的转化利用需要推广和普及，普及古籍需要找到传统文化和现代生活的连接点。例如，中央广播电视总台节目《古书复活记》《典籍里的中国》《穿越时空的古籍》等，通过润物细无声的方式挖掘古籍价值，普及全民阅读推广，并通过宣传视频、讲座、视频、电子书等方式推动古籍的普及。

2. 古籍沉浸式体验感知

从读者（用户）的维度来说，囿于时空距离，大众可能难以接受古籍的浩瀚篇幅，难以理解复杂的语言文字、文化内涵等，元宇宙出版可以让读者以个性化的方式找到自己对古籍的认知需求，并沉浸式地获取所需知识。读者佩戴智能设备进入元宇宙的平行空间，置身于古籍中的虚拟现实场景。多维度还原的古籍中的真实场景，让读者产生虚实难辨的感官体验，与古籍产生强烈的共鸣。在元宇宙中，读者对古籍的阅读形式发生了全方位的转变，文字阅读将被"真实阅读"替代。在元宇宙空间沉浸式阅读的同时，读者还可以与志同道合的书友实时分享探讨读后感，继而可发展成现实中的社交，实现虚拟的古籍元宇宙与读者现实生活的交流互动。

2022 年 8 月，中华书局正式向读者推出全国首位"3D 超写实数字人苏东坡"，其形象、性格、语言、行为模式等人设的确立，甚至精细到胡须多少、眼睛形状、戴帽后是否透出发髻、怎样系腰带等方面。这些细节均经历了专业的古籍数据挖掘与研究，充分遵守古籍中的真实记载，从而保证数字人苏东坡的细节经得起推敲，以生动有效的方式向读者传播中华优秀传统文化。

充分利用数字文博、国风文创、IP 衍生品等方式。在元宇宙、VR、AI 绘画、云观展等数字技术的支持下，古籍 IP 活化，借助丰富的数字叙事语法，复杂的原文内容转化为全息呈现、虚拟现实、数字孪生等多种信息呈现形式。通过可视化叙事、古籍知识游戏、古籍 VR 互动、视频动画等方式，交互操作、故事情节、视觉变化等加工手法，读者更深入地理解古籍故事。抽象、静态的文化成为可观、可闻、可触、可沉浸式感知的活态文化，为古籍的多元阐释和多维传播提供便利的环境和破圈密码。

一是虚拟原生。虚拟现实技术对数字图书馆进行虚拟化重构，将图书馆员映射为虚拟数字人，让用户在虚拟场馆中与图书馆员进行交互。虚拟空间和虚拟数字人打造了游戏化的交互体验场景，用户以虚拟身份进入虚拟服务场景，与不同身份的 NPC（non-player character, 非玩家角色）进行交互。例如，通过图书馆员 NPC 进行数字资源检索查询、信息咨询、资料查询、资源付费等服务。虚拟机器人还可分析读者的借阅历史和兴趣偏好，并进行个性化推荐，形成全沉浸式虚实交互的闭环，实现自然人、虚拟数字人、机器人的人机融合。增强现实设备可构建叠加式交互体验，在现实场景基础上叠加机器人服务，为用户检索信息、导览、查阅、咨询、付费等全流程提供指导，在实体资源上叠加虚拟关联信息，包括推荐关联信息与拓展其他资源。

二是数字孪生。基于数字资源提取出来的知识图谱构建元宇宙场景，将数字资源（图文影音等）以孪生化形式在元宇宙中进行重构，基于时间线、地理空间、角色实体和事理逻辑构建多重交互关系。例如，基于时间线的场景串联可以形成完整有序的叙事模式，既可与现实同步，也可以进行加速、倒退，甚至多重时间线并行，用户可在不同的场景中进行穿梭和切换；基于地理空间的元宇宙可以提供弹性的空间供用户探索和切换；基于事理逻辑的场景切换可以串联起不同数字资源中的知识点信息，既可以实现故事的可视化，又可以让分散的资源通过关联进行场景融合。

三是虚实相融，利用拓展现实技术对实体场馆进行虚拟信息叠加，包括添加数字资源的拓展性信息、场馆区域的介绍性信息、资源之间的关联性信息和其他视听补充信息等。拓展现实技术可实现现实场景的虚拟化、实景体验的线上化和虚实界面的人机交互（human-computer interaction，HCI）。用户通过人机交互界面与计算机系统进行交流和操作，在实际场景中，通过多传感器的使用，机器能够感知到多模态、数字化的世界。多模态知识图谱也有助于机器加强对真实场景的理解。当用户产生疑惑或需求时，无须经过烦琐的咨询来表达自身诉求，系统便可以直接识别用户意图，进行相关答案定位和解答内容输出，并能基于用户已有知识水平和认知习惯进行定制化推荐，从而做出更令人舒适、更自然的反馈。例如，系统通过分析读者的语言和面部表情数据，对使用者进行情感分析，从而调整环境灯光舒适度等。在感知层面，识别系统分析读者的文字、图片、声音、影像等信息，自动捕捉用户需求。在表达层面，机器人通过芯片模拟、味觉传感器来表达食物的味道与鲜度；通过动作捕捉、触感器、温度传感器来表达事物的冷热软硬；通过气体传感器来表达嗅觉感知，从而立体化感知与表达人的五感（视觉、听觉、嗅觉、味觉、触觉）。

"沉浸感知＋景观呈现"的古籍虚拟体验作为品牌亮点频频"出圈"。结合新型数字阅读技术，图书馆的读者与古籍相遇可以变成一次次可观、可感、可参与、可互动的沉浸式体验。国家图书馆通过线上线下一体化、在线在场相结合方式构建数字化文化新体验，建设《永乐大典》VR新型数字资源，采用"5G+VR"技术，集成8K全景视频拍摄手段，以国家图书馆馆藏《永乐大典》为基础，从典藏价值、修典始末、典籍渊薮、韵字编排、品貌非凡、传承守望等角度沉浸式讲述《永乐大典》背后的故事，全景再现《永乐大典》的历史全貌，打造身临其境、跨越时空的文化体验；开发线上超现实体验项目"古籍寻游记"，以殷商甲骨文、居延汉简、敦煌遗书、明清内阁大库档案四大专题的相关史料记载、考古遗存为依托，创作故事化、情景化的VR互动纪录片，借助虚拟现实技术，将线下展览中珍贵的档案典籍以线上超现实看展途径呈现。为进一步改善读者到馆阅读体验，国家图书馆探索开发"沉浸式阅享空间"，应用5G、全景视频、虚拟现实、全息影像等新技术，打造"全景展厅""阅读树""数字魔墙""机器人导览"等智慧化服务场景，提供跨虚实交互和线上线下融合的泛在化服务；国家图书馆还开发了国风科技虚拟人、数字文创等示范性古籍数字产品，为古籍智慧化开发和利用提供了新路径。

第三节　古籍特藏活化利用的实践启示

一、选题：凸显馆藏特色，契合传播特质

伴随 AR、VR、MR 等技术的出现，三维立体化的新型数字资源实现了从平面化、单维感官向立体化、多维感官的升华，呈现出知识显性传播向隐性传播的转变趋势[1]。VR 技术只有与专业视角下的选题相结合，才能取得良好的阅读推广效果。要实现公共文化服务资源的最优化呈现，就要从内容出发严选故事题材，避免"炫技式"的资源加工，避免出现只注重技术或技术脱离内容的现象。

图书馆在内容题材选择上应注重凸显特色文化，中华优秀传统文化、红色经典、古籍文献等主题的资源具有故事情节生动、场景画面震撼的特点，借助 VR 技术，让用户拥有极强的体验感。例如，将红色文献的内容用虚拟现实、混合现实进行表现，对历史事件的时空场景进行模拟仿真，可以全面调动读者感官，帮助读者深入理解红色文献的内涵和价值。

为加深读者对阅读内容的理解，图书馆还可以采取"VR+ 知识元标注"和"VR+ 情节图谱梳理"的方式，促进拓展阅读。"知识元"指阅读对象的知识主题信息，如代表人物、地点、机构、风俗、历史事件、法律法规、物质文化遗产、非物质文化遗产等。图书馆可以针对阅读内容广泛关联相关文献和多媒体资源，分解阅读任务，解析阅读难点，扩充阅读知识面，将标引的信息呈现于 VR 场景知识元中。"情节图谱"包括故事线、故事情节和重要时间点，在虚拟现实场景中，通过解说或者三维知识图谱的形式，帮助读者整

---

[1] 郎振红 . 虚拟现实技术在虚拟图书馆中的应用 [J]. 科技导报，2020（22）：41—49.

体把握阅读内容，使深层阅读理解更加连贯和清晰。

二、叙事：注重虚拟符号的多元化表达

在叙事技巧方面，"VR+沉浸式阅读"的融合应注重凸显逻辑性、节奏性和趣味性。逻辑性方面，VR 视频的时长一般不超过 5 分钟，多采用画外音或旁白形式叙述故事线索，如针对特殊事件采用的现场原音呈现也可以起到调动氛围的作用。故事叙事强调逻辑性强、节奏合理，可以突出阅读重点，缓解 VR 设备的眩晕感。游戏化的互动情节设计，可以增强阅读趣味，提高审美素养。节奏性方面，传统的叙事线索一般按照"序幕—开端—发展—高潮—结局—引申"的方法，而 VR 产品的叙事线索和叙事主题可以多元化处理，受众可以从多个视角参与阅读内容的情节发展。趣味性方面，阅读内容的推进一般需要一定的叙事符号进行引导，单一的符号一般不能成为内容吸引物，VR 产品应是多种叙事符号的集合，可以采用色彩变幻、运动视觉引导和听觉引导的方式进行画面切换，例如，利用闪烁的萤火虫飞舞，古籍神兽的跳跃，或者黑暗画面中突然出现的鸟儿挥舞翅膀的声音来引导受众视线，以增强画面的趣味性。

三、场景：打造"以内容景观为中心"的沉浸式体验

"沉浸式体验"强调多种感官（听觉、视觉、触觉、嗅觉、运动感）的调动和对物理现实的还原，"以内容景观为中心"的沉浸式阅读场景一般涵盖沉浸式阅读空间和沉浸式阅读表达两部分内容。沉浸式阅读空间利用 3D 建模、背景设计、影音烘托等手段将现实阅读空间与虚拟阅读空间相融合，例如，利用三维立体建模技术构筑立体阅读空间模型，实现对虚拟阅览室、虚拟书架等场景的数字孪生复刻。沉浸式阅读表达通过对阅读符号（空间符号、人物符号、实物符号、群体符号、情感符号和思想符号等）的塑造，实现与用户的情绪互动和情感唤醒。例如，将 VR 与可视化知识图谱技术结合，配合

深层的知识标引和检索服务，用三维立体方式展示知识关联图谱的树状结构、散点关系、发展趋势、内容聚类等，在视觉上更加清晰地展现知识资源之间的关联，帮助用户发现深层知识关系。例如，美国北卡罗来纳州立大学图书馆开发了 WolfWalk 应用，可根据用户的地图定位动态展示校园重要人物、场景和历史事件等相关信息[1]。

5G 与人工智能等多种技术的融合应用，特别是 5G 的 eMBB、mMTC、uRLLC 等前沿技术的利用，可以为多场景内容景观设计提供更稳定、更全面、更专业的技术支持。目前，VR 手持设备主要用来丰富触觉感官，随着多感官技术的不断成熟，嗅觉、味觉和运动感的调动也将成为现实。

四、服务：创新阅读服务方式，构建价值增值链

沉浸式阅读服务强调在虚实融合的阅读场景中开展阅读实践，是"阅听"和"阅景"[2]的复合式阅读模式。在创新服务环节，VR 技术可以从阅读推荐、空间导航、社会教育三个方面创新图书馆的智慧服务方式。

在阅读推荐领域，图书馆可以通过人机交互的方式帮助用户全面掌握阅读资源状况，在智慧阅读、资源推荐、交流评价等方面提供实时、在线、可视的个性化服务。在空间导航领域，图书馆通过 3D 建模和场景仿真技术，给用户提供真实的物理空间沉浸感，用户佩戴数据头盔等 VR 设备，可以在漫游过程中实现对图书馆阅读环境的 360° 全景感受，享受资源整合、图书借阅、视频点播等泛在特色服务。在社会教育领域，图书馆可利用 VR 情境感知和感官代入的特点，开发游戏化教育程序，创设智慧化的学习环境，优化通识教育、创客教育和特殊人群教育，实现"学习泛在化""教育智能化""服务人性化""测评个性化"。例如，国家图书馆设置了"5G 新阅读"VR 体验区，

[1]　王姗姗，方向明.增强现实技术对图书馆的意义和作用 [J].图书情报工作，2015（3）.

[2]　田丽梅，廖莎.元宇宙视域下智慧图书馆的创新发展研究 [J].图书馆，2022（5）：54—59.

读者借助特定硬件设备可实现数字图书馆虚拟漫游；上海交通大学图书馆设计了"智慧泛在课堂"，实现"教""参""学"三位一体。

"VR+ 沉浸式阅读服务"具有内容和技术双重属性，图书馆在内容资源建设方面具有独特优势，但在技术实现上占主导地位的往往是 IT 企业、通讯运营商等。为了更好地推动价值共创，图书馆应从宏观的角度扩展服务生态，不仅重视内容增值链上的合作，同时把握技术增值链和营销推广链上的合作，例如，尝试与出版集团、技术公司等展开横向与纵向的合作，实现资源相通与技术互补。

五、渠道：深耕"新文创"，协同经济效益与社会效益

图书馆可以充分借助"文旅融合""产学研融合""文创深耕"的语境，利用 VR 技术打造嵌入式的"新文创"产品，以提升图书馆的文化影响力，也赋予其他行业阅读的力量和温度。在空间层面，可以将 VR 阅读产品嵌入地铁、机场候机厅、民宿、景区、音乐厅、博物馆、自助阅读空间等实体空间，通过举办展览、开展主题活动等形式有效宣传虚拟阅读服务，以提升图书馆整体的文化形象。在产品层面，充分挖掘图书馆作为城市文化地标的价值，依托本馆特色文化资源，针对不同用户群体开发兼具艺术性与实用性的虚拟阅读文创产品。例如，针对不同年龄段儿童设计差异化 VR 阅读产品，打造长期性、连续性的文创品牌，在保证社会效益的基础上不断拓展营销渠道。在活动层面，不断拓展 VR 阅读与教育、旅游等产业融合发展的活动形式，借助"走读活动""游学活动""第二课堂"等服务形式，延伸虚拟阅读推广的服务半径，促进"知""行"有机结合的阅读认知水平提升。

近年来，伴随着元宇宙概念的火爆，关于元宇宙与图书馆新型资源建设的讨论也逐渐增加，有的学者提出了"元宇宙图书馆""第二人生图书馆"[1]

---

[1] 李洪晨，马捷 . 沉浸理论视角下元宇宙图书馆"人、场、物"重构研究 [J]. 情报科学，2022（1）：10—15.

等概念，华为也提出了"河图（Cyberverse）技术"概念，图书馆可以基于空间计算算法和 AI 识别技术打造虚实融合的超视觉体验服务，依托终端硬件产品和华为地图数据，融合 3D 地图及 VR、AR 服务，链接用户、空间与数据，打造可听可视可感的数字阅读环境，助力图书馆服务的智慧化转型升级。

　　沉浸式阅读是当前图书馆智慧化转型升级的重要方向，基于国家图书馆"《永乐大典》VR 全景文化典籍"的建设实践，笔者总结了图书馆开展沉浸式阅读推广的几点启示：在内容层面，虚拟现实赋能下的沉浸式阅读将内容从传统的二维影像世界提升到三维的新型数字世界；在服务层面，沉浸式阅读将传统线上阅读方式扩展为联通融合的智慧阅读体验，这对于图书馆资源建设和阅读推广服务而言是全新的命题。通过沉浸式的阅读体验激发阅读兴趣，培养广泛阅读习惯，打造共同的情感体验，引导深入阅读思考，是图书馆开展智慧化阅读推广服务的最终目标，要实现这一目标还需要对虚拟现实的技术架构、内容场景、服务模式、标准规范、伦理建设等多个方面进行深入研究和探讨。

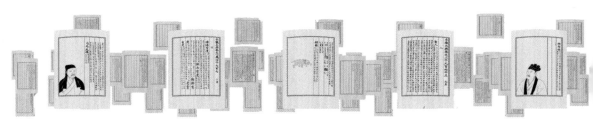

第四章
国家图书馆《永乐大典》
"VR全景文化典籍"

　　近年来，图书馆界积极探索"古籍 +VR"的内容生产模式，打造新型古籍阅读产品，让读者与传统文化产生共鸣，获得对古籍文化内容的新认知。虚拟现实技术的不断成熟，在古籍保护和推广中的应用越发广泛，将成为推动中国古籍事业提档升级的得力助手。

　　2021 年，国家图书馆推出了"VR 全景文化典籍"作品《永乐大典——旷世宏编，文献大成》，该作品首次采用"5G+VR"技术，将虚拟现实与古籍文献阅读服务相结合，立体化展示书本中的文字及场景，让中华优秀传统文化资源焕发新的生命力，该作品反映了当前古籍与新技术深度融合的内在趋势，凸显了古籍阅读产品创新发展的方向，也为更多中华优秀传统文化资源的融合传播探索了新路径。

　　2014 年 12 月，习近平总书记在澳门大学考察时向学校赠送了《永乐大典》重印本，他表示，中华文化源远流长、博大精深，如同一座宝藏，一旦探秘其中，就会终生受用。我们要取其精华、去其糟粕，赋予中华传统文化以新的时代内涵，使之成为我们的精神追求和行为准则。[1]2022 年，国家图书馆打造了《永乐大典》"VR 全景文化典籍"（以下简称"VR《永乐大典》"），利用 5G 数字化创新技术赋能传统文化典籍，虚拟现实技术与《永乐大典》的碰撞，对活化珍贵典籍文献、传承历史文化、维系民族精神具有重要意义。

　　VR《永乐大典》采用 CG+4K/8K 全景实拍制作标准，利用二维和三维素材加工、场景和角色建模、动画和特效制作、数字绘景等技术完成制作。采用先进的 VR 技术加以仿古画风格化处理，生动展现了《永乐大典》作为旷

[1]　这里是爱国爱澳的新园地 [N]. 人民日报，2024—12—21（01）.

世宏编的文献价值，引领观众以主观视角经历明代宫廷级别的编书场景，在虚拟时空中实现古籍文字和插图的动态呈现，观众既可以通过 270° 环形屏幕观看全景视频，还可通过 AR/VR 等设备，自主调节视角进行 720° 的全维度观看。

第一节　项目基本情况介绍

2021 年《中华人民共和国国民经济和社会发展第十四个五年规划和 2035 年远景目标纲要》明确提出，组织《永乐大典》、敦煌文献等重点古籍系统性保护整理出版，实施国家古籍数字化工程。2020 年，国家图书馆启动了"全景文化典籍"项目，选定了国家图书馆四大专藏之一《永乐大典》作为主题，利用虚拟现实技术打造"《永乐大典》VR 全景文化典籍"，力图对中华典籍的聚散流变进行宏观式的全景展现。

一、项目缘起

古籍是中华文化的重要载体，近年来，中华典籍文化的继承、推广与创新受到广泛关注。但目前，古籍研究工作的重心一直停留在原生性保护和再生性保护上，而关于古籍的开发利用则面临手段单一、脱离公众，以及不能充分体现古籍价值等困境，因此，如何充分挖掘利用传统典籍资料并使其真正走近公众，成为值得探讨的问题。

《永乐大典》是国家图书馆的四大专藏之一，国家图书馆共收藏《永乐大典》224 册（其中 62 册存于台北故宫博物院），占存世《永乐大典》的一半以上。国家图书馆以馆藏《永乐大典》文献为基础，将虚拟现实技术引入传统文化典籍的阅读推广服务，充分利用现有文字、图片、音视频、展览等资料，以"5G+VR"技术集成 8K 全景视频拍摄、计算机动画（Computer Graphics，简称 CG）、全息影像等技术手段，制作适用于多种终端的传统文化系列 VR 产品，从而让古籍走出"深闺"，进一步促进古籍的保护、传承和活化利用，提高传统文化典籍阅读推广的质量。

二、设计理念

VR《永乐大典》分为上下两部。上部《旷世宏编　文献大成》从《永乐大典》的"前世"（体量、版式、纸张、编纂等书内之美）及"今生"（修书和寻书之路）两个角度切入，向大众介绍成书情况、编修纂修、装帧抄写、流传与辑佚、入藏国图、古籍修复等内容，结合国家图书馆再造善本和现有文字、图片、音视频、展览等资料，通过专业策划和多种技术手段重新组合加工，用全景化方式再现《永乐大典》的历史变迁。下部《瑞世鸿宝　历劫重光》从"深锁内廷　抄副另储"（嘉靖帝组织缮写者百余人抄录副本，后"永乐正本"秘藏深宫，下落成谜）"人祸兵燹　弱息仅存"（虫咬鼠啮，监守自盗，清代末年屡遭劫难）和"珠还合浦　转世新生"（有识之士奔走相救，《永乐大典》回归，再获新生）三个角度入手，再现《永乐大典》在历史变迁中遭受重重厄运的沧桑经历，以及海内外人士为《永乐大典》传承后世而呕心沥血的名人事迹。

VR《永乐大典》的内容细节取材于真实的历史事件和文物，为展现真实的历史情境，国家图书馆制作团队依据馆藏的 200 余册《永乐大典》原件，对书影遴选并进行高清扫描复刻 1∶1 模型；对文物、古建筑、官吏服饰、宫廷家具、书画、园林等细节的制作都遵照了相应的专业文献，参考了明代绘画百余幅，保证了 VR 细节形象塑造的真实性与客观性。

三、建设过程

《永乐大典》不同于书画类古籍，内容几乎为纯文字信息，所以在虚拟叙事和可视化呈现方面具有一定难度，需要进行文本信息的知识提炼和充分展现，通过设计古籍故事的讲述方式让文字内涵具体形象、可知可感。古籍内容的挖掘是由浅入深的过程，在将传统纸质文献进行二维数字化处理的基础上，在三维立体空间中还原初始风貌，营造惟妙惟肖的真实沉浸感，建设流程如图4-1所示。

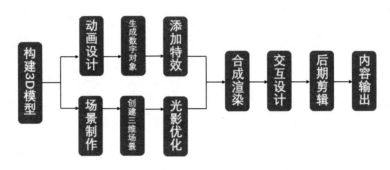

图4-1　VR《永乐大典》建设流程

在制作过程中，制作团队使用统一的内容制作工具，由多软件混用的动画渲染逐渐向统一的 UE4 实时显示过渡，通过自建素材制作和第三方合作收集等形式，积累大量内容素材，然后对素材进行分类与整合，最后搭建古籍动画素材库和古代场景库，动画素材库包括人物、建筑、物品、装备等，古代场景库包括动物、植物、宫殿、地形等。

为了让公众了解到更多的《永乐大典》专业知识和历史典故，针对主题文献的内容挖掘必不可少，在 VR 场景设计环节，制作团队梳理了各代《永乐大典》的辑佚情况、入藏国家图书馆的历程，以及修复和影印出版的过程，将这一故事转化为立体的动画场景，使整个历史进程得以重现。

第二节　"VR全景文化典籍"的内容叙事

一、盘活特色馆藏史料

优质的内容是 VR 技术创新的前提，国家图书馆"VR 全景文化典籍"的首部作品主题即选定为《永乐大典》。《永乐大典》被《不列颠百科全书》称为"世界有史以来最大的百科全书"，全书约 3.7 亿字，自成书以来，历经沧桑，正本杳无踪迹，嘉靖副本屡遭劫难，残卷聚散离合，至今仅存 400 余册，散落在世界 8 个国家和地区的 30 多个收藏机构中[1]。国家图书馆是《永乐大典》海内外最大的收藏机构，共收藏《永乐大典》224 册[2]，一代又一代学人历尽艰辛才促成了大典的回归和再造。为了更好地展现《永乐大典》的内容价值，国家图书馆从《永乐大典》的内容价值（体量、版式、纸张、编纂等）和版本价值（修书、寻书及读书的追书之路）入手，全方位沉浸式讲述国宝典籍《永乐大典》背后的故事。

二、定格关键历史瞬间

在社会化传播的语境下，VR 的内容塑造需要以小见大，化繁为简，凸显古籍语言的现代化表达。在《永乐大典》VR 作品的创作过程中，内容团队重点突出从内容编纂到大典回归过程中的五个重要节点——《永乐大典》的编书规模之宏大、《永乐大典》内容之包罗万象、《永乐大典》经历人祸兵燹之弱息仅存、有识之士奔走搜求之集腋成裘、《永乐大典》在新时代的转世新生，通过对重要历史瞬间的定格，以点带面展现古籍历史长卷的沧桑感，见微知著表达古籍重获新生的激动人心。

[1] 高树伟.《永乐大典》正本流传史事考辨 [J]. 历史研究, 2022（01）: 206—218, 224.

[2] 赵爱学. 国图藏嘉靖本《永乐大典》来源考 [J]. 文献, 2014（03）: 37—64.

第三节　"VR全景文化典籍"的视觉呈现

《永乐大典》之美，不仅在于形式之美，更在于正文的墨色台阁体之美和红色钤印之美，书中各类插图用传统白描笔法绘制，在绘画史、书籍插图史方面具有极高价值。书法插图作品借助虚拟现实技术有了多元化的展示空间，可以在动态演示中直观展示其精美。

一、挖掘特色化场景要素

古籍内容的表达需要依靠场景要素的挖掘。《永乐大典》以《洪武正韵》为纲，编辑方式采用"用韵以统字，用字以系事"的形式。为了凸显这种编纂方法，产品在 VR 的片头处以《洪武正韵》的韵目单字在空中飘浮的形式凸显《永乐大典》文献编排的独特性，在正片中采用原文内容和辑录书名悬浮的方式表现《永乐大典》的规模之大和内容之丰（图4-2）。

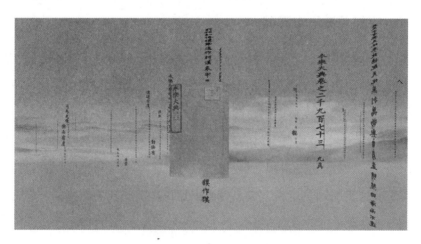

图4-2　《永乐大典》中对古籍封皮和文字的展示

《永乐大典》写就于明永乐年间，文献内容包括了经、史、子、集，涉及天文地理、阴阳医术、占卜、释藏道经、戏剧、工艺、农艺等方方面面，涵盖了中华民族数千年来的知识财富。《永乐大典》体量巨大，为了更好地展示其内容涵盖面的广博，设计团队翻阅了大量《永乐大典》原文内容，从中提取出了人物、植物、舆图、手工艺等具有代表性的插图进行三维动态展示（图4-3）。

图4-3　《永乐大典》VR对古籍插图的动态展示

二、科学严谨的大场景重构

《永乐大典》"活化"的过程涉及多种数字化手段的全面调用，借助 VR 技术动态还原古籍中的大型历史场景，可以让读者产生从现代穿越到古代的全新阅读体验，实现了从"呈现古籍"到"模拟古籍"的转型。

1900 年，清军和义和团围攻东交民巷使馆区，收藏《永乐大典》的翰林院沦为火场，有数百年历史的建筑爆裂坍塌。制作团队搜集到收藏《永乐大典》的翰林院老照片（图 4-4），对大火后的翰林院场景进行了虚拟还原（图 4-5）。

图4-4　翰林院沦为火场的老照片

图4-5 VR展示中的翰林院场景

《永乐大典》的编纂和重新抄录是 VR 场景展示的另一个重点。自永乐元年（1403 年）始，明成祖朱棣先后任命解缙、姚广孝等主持编修一部集当时天下典籍于大成的类书，欲"包括宇宙之广大，统会古今之异同"。前后两次，历时 5 年，纂修、缮写者超过 2000 人。嘉靖四十一年（1562）秋，嘉靖皇帝任命高拱、张居正等负责校理缮写《永乐大典》副本。重录工作在嘉靖四十五年（1566 年）十二月嘉靖帝辞世时尚未完工，到次年隆庆元年（1567 年）四月才算完成，耗时 5 年。制作团队通过全景拍摄和 3D 建模的方式对于《永乐大典》的编纂和重录场景进行了虚拟化呈现，让读者身临其境地感受到编纂《永乐大典》时的环境，帮助读者更好地理解文中的内容与意境，其主要的技术实践路径如下。

第一，通过全景摄影的方式对国家典籍博物馆（图 4-6）和古籍馆（图 4-7）进行 360° 全景拍摄，实现国家图书馆实景的全景还原。

图4-6 国家典籍博物馆的全景呈现

084

图4-7　国家图书馆古籍馆的全景呈现

第二,利用三维重建技术对古籍文献纸张和插图细节进行近景拍摄,对《永乐大典》的书籍本体进行数据采集,从而高精度地还原插图、封面和纸张的几何信息和色彩信息（图4-8）。

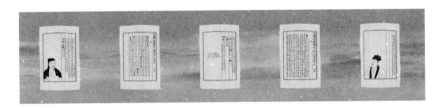

图4-8　VR作品中还原《永乐大典》书影

第三,虚拟3D建模,依据老照片、古画等参考资料,对古籍中的人物、服装、道具、砚台、笔墨和动作特效（人物的书写动作、翻书动作等）进行虚拟化构建,在大的时空场景中对个体内容进行水平360°、垂直360°环视效果的全景展示（图4-9）。

图4-9　VR作品中虚拟化呈现《永乐大典》编书场景

在古籍文献的虚拟场景构建中，制作团队并未单纯追求酷炫的视觉效果，而是充分结合文献资料背后的历史背景、时代特征、空间结构和内容主题，用严谨和科学的历史观和文化观对文献内容进行阐释，既创设鲜活的情境为读者提供身临其境、全方位的视听盛宴，又用数字方式延续了古籍文献的生命。

第四节　"VR全景文化典籍"的共情机制

一、版块式结构全景呈现前世今生

《永乐大典》饱经战火与劫掠，摧残与磨难，万帙巨典如今存世已不足4%，仅有400余册分藏在世界各地，其中中国国家图书馆所藏量最为丰富。在VR内容的制作环节，制作团队采用"2+4+4"模式：上部《旷世宏编　文献大成》+下部《瑞世鸿宝　历劫重光》；上部展现《永乐大典》的"前世"，包括编修纂修、装帧抄写、流传与辑佚、入藏国图四部分；下部《瑞世鸿宝　历劫重光》展现《永乐大典》的"今生"，从"深锁内廷　抄副另储""人祸兵燹　弱息仅存""有识之士　奔走搜求""珠还合浦　集腋成裘""百年遗珍　转世新生"五个章节重现《永乐大典》历经的各种变迁与磨难。从宏观上按照时间结构铺陈展现《永乐大典》600年历史风云，从微观上运用版块结构方式设计全景图景，从空间维度聚焦特定历史事件，从时间维度组接不同版块，共同构建一个具有宏大时空范围的叙事架构。

从黄绢包背、皇家气魄，到时光荏苒，桑田沧海，再到战火纷飞、饱经劫难，最后到终还故土、开辟未来，时间跨度与细致的空间场景串联，共同勾勒出《永乐大典》的波澜画卷，铺陈出时间的延绵感和历史的纵深感。通过《永乐大典》的际遇，读者看到了一部典籍从编纂、收藏，到流传、散失、毁灭，再到重新整理聚合的历程。正当盛世，大典完成编纂；国家无力之时，《永乐大典》只能流散天涯；现在我们身处盛世，散失在世界各处的大典能够回归，再获新生，还能通过数字化和影印方式化身千万，泽被后世，古籍的命运同国家的命运是紧密联系在一起的。

二、典型群像共同谱写宏大叙事

民国之初，《永乐大典》仅存 64 册，为救护文化遗产，一代文化先驱挺身而出，鲁迅、郑振铎等先生倾力求索残本；日军侵华，觊觎国宝，京师图书馆仁人志士对《永乐大典》以生命相守，袁同礼、王重民等先生冒着炮火，将《永乐大典》漂洋过海运送到美国避难；此后 20 年间，赵万里等先生四处筹措经费，将存世余卷以各种形式收归国有；中华人民共和国成立后，周叔弢、傅增湘、赵元方等爱国藏家纷纷解囊，在商务印书馆、北京大学等公藏机构的援助下，多册《永乐大典》历尽漂泊，终于回归故土。

《永乐大典》600 余年的沧桑正是中华典籍文化聚散流变的缩影。在 VR制作环节，团队针对国家图书馆馆藏全部 200 余册《永乐大典》进行逐一核阅，通过线上渠道翻看《永乐大典》书影资料 300 余册，着力塑造一代代舍身护书的文化先驱和历史参与者形象，再现他们为《永乐大典》传承后世而呕心沥血的事迹，讲述在党和政府的亲切关怀下，《永乐大典》如何通过海内外爱国人士的不懈努力，最终入藏国家图书馆，通过全景展现的方式激发公众守护国家文化宝藏的使命感。

第五节 "VR全景文化典籍"的传播策略

一、联合线上线下多屏媒体

虚拟现实技术的最终目的是为内容服务，沉浸式阅读体验感落地的重要环节是对阅读经典要素的场景化还原。AHMED 等 [1] 提出叙事沉浸划分为 4 个维度：空间沉浸（Spatial Immersion）、时间沉浸（Temporal Immersion）、时空沉浸（Spatial–Temporal Immersion）和情绪沉浸（Emotional Immersion）。"VR全景文化典籍"在传播环节主要通过空间沉浸方式，利用全景空间与虚拟环境为读者营造强烈的在场感，将作品适配至 LED 大屏、电视中屏、VR 眼镜小屏和微信移动端，在国家图书馆 5G 新阅读智慧体验区为到馆读者提供服务，借助 VR 眼镜为全国图书馆提供服务。

二、打造"图书馆+"新格局

国家图书馆与互联网企业、出版集团跨界合作，打造了"图书馆 + 虚拟现实"的内容合作模式，既革新了虚拟现实产品发布的软硬件装置，又推动了图书馆阅读推广内容生产的流程创新。

2021 年，国家图书馆与华为公司、中国图书进出口（集团）总公司合作，联合打造了"沉浸式"阅读体验区——新阅读空间，借助"全景展厅"和"阅读树"两个沉浸式展项，为广大读者打造身临其境的文化阅读体验。"全景展厅"采用 270° 环绕的 LED 三折屏幕，实现了巨幕裸眼的 VR 效果；"阅读树"

---

[1]　Marie-Laure Ryan. Narrative as Virtual Reality 2：Revisiting Immersion and Interactivity in Literature and Electronic Media. Baltimore：John Hopkins University Press，2015.

将移动智能设备、VR设备与树形展架有机结合，读者可通过不同的VR设备终端观看文化遗产、红色资源等不同类型的VR视频资源。2021年9月，《永乐大典》VR全景文化典籍产品首次在新阅读空间的"全景展厅"上线发布。

在特色资源建设和阅读服务的基础上，国家图书馆围绕古籍保护工作成果推动古籍类创意产品的开发，为《永乐大典》设计开发了一系列文创产品，"湖"字韵《永乐大典》单页被制成仿真复制品，国家图书馆还推出了附有《永乐大典》插图的笔记本，让古籍突破小众圈子，去掉深奥难懂的标签，真正走进百姓生活。

借助"图书馆+"的融合模式，国家图书馆与不同领域的机构展开跨界合作，融合不同行业的经验与技术优势，生态化地连接多元的文化主体，合力提升阅读推广的内容品质，既提高了阅读推广的服务效能，也创新了合作业态。

第六节　"VR全景文化典籍"的生产机制

一、用N种方式破解《永乐大典》密码

《永乐大典》全景VR从编书、抄书、人物、脚本编写等角度细化设计，因典籍真迹珍贵，所以采用无实物3D建模的方式构建模型，如图4-10所示。《永乐大典》典籍体系庞大，多经流散聚合，设计人员通过抓取关键信息事件作为切入点，对国家图书馆馆藏全部200余册《永乐大典》卷次进行逐一核阅，线上阅览《永乐大典》书影资料300余册，从馆藏200多册《永乐大典》影印本的万余张扫描书影中精选出200余幅书影进行3D建模，翻阅《永乐大典》相关文献专著20余部，论文300余篇，查阅明代官吏服饰、宫廷家具、书画、建筑、园林等方面的专业文献40余种，参考明代绘画百余幅。

图4-10 《永乐大典》全景VR的虚拟场景

二、技术赋能，活化《永乐大典》

《永乐大典》全景 VR 在国内首次将虚拟现实技术应用于古籍文献阅读服务，使用 360° 全景摄影技术对现实环境进行记录，利用空间环绕立体声、3D 视觉显示系统和参与者的双眼视差，营造立体包围感和真实体验感。作品以计算机二维、三维动画制作和 VR 摄像机拍摄的视频内容为基础，输出 3D 立体、4K/8K、60fps 高清晰度与高帧率视频，保证作品内容的高质量呈现。

在 5G 与人工智能等多种技术的融合应用下，VR 全景文化典籍对古籍人物进行立体化造像，从桌椅、服饰到面部表情，在参照相关书影和古籍资料的基础上，设计人物模型和动作数据，通过视频捕捉 AI 姿态，利用动画电影工具改变人物的面部表情，并将运动数据应用于模型，如图 4-11 所示。

图4-11 古籍人物形象设计

在虚拟场景设计方面，全景 VR 利用内容云化渲染的方式，将 3D 模型导入虚拟空间，从技术角度实现了模型设计、动画绘制和场景搭建，如图 4-12 是对养心殿的 3D 复原，图 4-13 是对明代皇宫的场景复原。

图4-12 养心殿的3D全景效果展示

图4-13　皇宫3D场景设计

三、巧妙编排，深入挖掘古籍主题

上部作品从《永乐大典》的"前世"（体量、版式、纸张、编纂等书内之美）及"今生"（修书、寻书及读书的追书之路）两个部分切入，向大众介绍《永乐大典》的成书情况、编修纂修、装帧抄写、流传辑佚、入藏国图、古籍修复等内容。

下部作品从"深锁内廷　抄副另储""人祸兵燹　弱息仅存""有识之士　奔走搜求""珠还合浦　集腋成裘""百年遗珍　转世新生"五个章节重现了《永乐大典》在历史变迁中遭受重重厄运的沧桑经历，以及海内外人士为《永乐大典》传承后世而呕心沥血的事迹。

5G全景VR《永乐大典》系列作品基于国家图书馆再造善本和现有文字、图片、音视频、展览等资料，通过专业策划和多种技术手段的组合加工，用全景化方式再现了《永乐大典》的历史变迁，该作品已在国家图书馆新阅读空间提供服务。未来，伴随着全息可视化、交互场景化技术的发展，古籍资源将更多地利用XR技术构建虚拟场景，将文化典籍进行数字化的追溯与还原，保留历史，传承文化。

第七节 "VR全景文化典籍"的传播效果

5G全景VR《永乐大典》不仅利用新兴技术为传统文化赋予了新的生命力，也为未来更多古籍文献的传播创新和服务创新提供了可参考的应用实例。

一、促进古籍阅读推广的智慧化转型

VR技术利用文本可视化的方式将复杂难解的古文内容解析为3D虚拟时空，让受众可以"身临其境"读懂古籍，在"画中"看古籍，"入画"式体验历史事件，漫游在古籍插图的山水之间，协助读者将古籍文字转变为个人知识。图书馆的阅读推广服务要以读者为导向，VR技术不仅可以重塑古籍内容，还可以借助XR直播体验、VR+游戏、VR+教育课堂、VR云端阅读空间等路径，深度整合古籍资源、深化古籍知识供给，实现从传统古籍信息服务到知识服务的转变，结合读者阅读习惯，特别是针对年轻人阅读素养提升和儿童阅读推广服务，探索新的阅读形式。

二、推动公共文化服务形式的多样化发展

5G全景VR《永乐大典》系列作品适应多种终端发布，是5G技术与新阅读体验融合的应用落地，更加注重给读者提供全新的用户体验、技术体验和知识体验。该作品以8K超高清标准进行制作，可输出不同格式，适配LED大屏、电视中屏、VR眼镜小屏，满足公共文化服务、家庭娱乐、个人体验等多场景需求，利用5G技术助力传统文化"破圈""出圈"。

三、创新图书馆新型数字资源的建设机制

5G 全景 VR《永乐大典》系列作品在制作过程中从宏观角度扩展服务生态，不仅重视内容增值链上的合作，还注重技术增值链和营销推广链上的合作[1]。国家图书馆尝试与出版集团合作，寻求技术、运营、消费等多层面的互动，做到"横向协作、纵向联动，各负其责、发挥合力"，实现资源相通与技术互补。

项目团队自主研发了全景视频适配技术，搭建泛终端传播体系，"一次制作、多向分发"，可以实现 270° 裸眼大屏（图 4-14）、360° 电视和 720° 眼镜全景赏析典籍，具有广泛的服务适应性，满足不同受众群体的阅读偏好。

图4-14　270° 大屏展示《永乐大典》VR作品

四、兼顾文化传播社会效益与经济效益

5G 全景 VR《永乐大典》荣获了第五届中国出版政府奖提名奖和全国文化和旅游装备技术提升优秀案例；同步配合国家典籍博物馆展览，推出了多类文创产品；以世界读书日、北京冬奥会为契机，通过举办 5G 新阅读系列体验活动的方式走进学校、图书馆、博物馆、企业、社区，打造有声、有景、

---

[1] 张楠，翟雪松 .5G 视域下虚拟现实出版的价值共创研究 [J]. 出版广角，2020（11）：14—18.

有色的沉浸式阅读体验新模式，用新技术赋能中华优秀传统文化传播，坚定文化自信，助力文化强国建设。

5G全景VR《永乐大典》系列作品在延庆冬奥村的中国传统文化数字体验区作为经典作品进行全景展示，一经推出，引发众多媒体关注报道，《新闻联播》等多家媒体对其进行了报道；掀起新闻热点的同时，也得到全国各级文化机构的关注。

XR赋能图书馆古籍文献资源活化，旨在解决古籍保护的"藏""用"矛盾，促进古籍的时代精神解读，活化古人智慧，讲好"国之重器"的中国故事，这是图书馆应用XR服务阅读推广的前提和目标。将XR技术与古籍文献的固有价值相结合，也是智慧图书馆转型升级的重要方向，具有重要的理论价值和实践意义。图书馆应根据古籍资源的实际情况，充分整合资源、技术、空间、人员等要素，"求真—做深—活化—延伸"古籍资源，用好叙事逻辑，加强场景内容生产，打造表达新美学。加强VR、AR、MR、虚拟漫游、知识图谱等技术的嵌入，逐渐建立适应图书馆发展的新型古籍阅读产品的建设机制和服务模式，促进阅读推广的智慧化转型。

第八节　"VR全景文化典籍"的美学表达

VR《永乐大典》上部《旷世宏编　文献大成》和下部《瑞世鸿宝　历劫重光》能够满足LED全景大屏、VR眼镜、手机移动端、电视端等多屏发布需要，是虚拟现实技术与古籍文献阅读服务融合的应用创新，该制作在画面呈现、叙事手法、美学阐释和主题宣传方面具有如下特点。

一、以"时空重构"铺陈宏观全景视野

宏观全景视野即从多方位视角构建宏观的构架和开阔的视野，多角度呈

现《永乐大典》的史实全貌，充分展现文献内容的篇幅浩大和历史事件的恢弘复杂。VR《永乐大典》采用"1+2+5"模式，"1"是一个主题，"2"是上下两部，"5"是五个篇章。VR 在时空的纵深感呈现方面具有得天独厚的优势，VR《永乐大典》按时间顺序铺展《永乐大典》的著录、劫难和归藏的历史进程，在空间层面上运用主题画面拼接组合的形式构建全景的虚拟场景，展示特定的历史事件或历史情境，从而构建出一个宏大的时空叙事架构。从典籍渊薮、品貌非凡，到战火纷飞、饱受劫难、流散天涯，再到传承守望、尽显辉煌，在大跨度的历史时代背景中呈现立体化的人物群像和大体量的典籍图像，勾勒出中华典籍波澜壮阔的历程。该作品既凸显典籍文献的内容细节，又营造了历史的厚重感、铺陈出时间的绵延感，对《永乐大典》作为"世界有史以来最大的百科全书"的巨制体量进行充分打造和展现。

在制作过程中，传统的图像拼接方法能够简单易行地合成全景效果，但会导致画面失真和图像离散等问题，策划团队创新性地在全景空间中进行空间搭建、角色塑造等创作活动，为成片后的效果一致性提供了有力保障。在技术应用上，使用专业摄影技术对国家图书馆古籍馆的实地环境进行 360° 全景记录，通过后期技术处理，构建古籍馆的三维游览模型。

二、微观叙事注重细节"形神兼顾"

VR《永乐大典》的全景视野将观众带入宏观的叙事结构中，而微观叙事则需要润色细节特征，不仅"塑形"，更要"传神"，通过细致入微的细节架构还原人物群像，力求刻画更深层次且具有真实感的历史细节。VR《永乐大典》以重大历史事件和典型历史人物为核心，用历史故事将其串联起来，融合视频、背景音乐、解说和动画特效，实现多点漫游和 360° 全景展示，打造宛如真实世界的效果。整套内容制作的重点细节包括场景环境 3D 建模、人物要素 3D 建模、古籍书影仿真、交互内容的逻辑实现。

场景环境建模在考察大量历史资料的基础上，在虚拟空间复原历史场景，如养心殿和皇宫内景，根据室内布局，分场景进行三维模型设计。在对每一个场景元件进行确认后，再完成三维虚拟形态的渲染与还原，如大门、地板、天井、墙壁、书架、匾额、桌椅、器物等，如图4-15所示。VR《永乐大典》中各类品级官员的服饰，以及侍女、书童、码书童的服饰，编书的场景、书架的样子和书的摆放形式，都以《中国明代家具图录》《明代宫廷家具史》《明代职官制度与官员服饰》《明画全集》等文献图册作为参考，天文、医学、技艺、经史子集对应的插图都出自国家图书馆馆藏的《永乐大典》文献。

图4-15 养心殿空间建模

人物要素建模较为复杂，面部和服饰是人物建模的中心。面部建模包括五官、颧骨、眉骨、鼻骨、下颚等大致走向，制作团队对古画中的人物面部形态进行提取，导入建模系统，采用拖拉并点方式逐步描摹人物的面部形态，如图4-16所示。

图4-16　嘉靖帝人物建模

古籍书影仿真利用flash3D技术构建三维化的古籍图像，对古籍书首、书背、版面、版心、版框等版式进行还原，提取书影中的插图画面，通过位置插补器和时间传感器模拟三维书籍翻页效果和插图的动态特效，如图4-17所示。《永乐大典》善本原件单册高50厘米，宽30厘米，在虚拟还原过程中，需要确认其与人物身高的比例关系，并细致呈现黄绢包背、台阁体字体、勾线插图等细节内容。

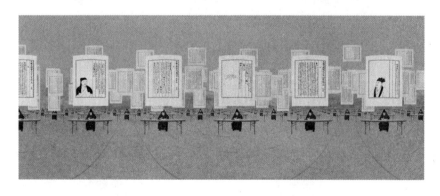

图4-17　VR《永乐大典》抄书场景虚拟呈现

交互内容建立在各模型组合的基础上，将场景元件和人物行为模型进行组合，生成全景图，在定义场景颜色、光照、视点、动画、朝向等属性后，通过编辑器实时调整环境效果，生成仿真场景。每一个场景都是全景图的一个节点，处于不同的节点空间位置、动画视点和观察方向，用户可以在漫游中实现前进、后退、转弯、环视的效果。

三、打造"入幻出实"的古籍历史美学

《永乐大典》本身具有无可媲美的美学价值，其版式之美、纸张之良、书写之秀、插图之工都具有很高的鉴赏价值。在利用全新技术手段进行画面设计时，设计师要遵循文献本身的创作背景和美学意境，用现代化审美把文献本身的艺术表现力和文化价值融合起来。

在色彩呈现方面，VR《永乐大典》沿用明代绘画艺术风格，抽象化表达古籍情境，尽量还原原始版本《永乐大典》封皮的颜色，凸显《永乐大典》的历史厚重感。画面整体采用古画的色调风格，既体现《永乐大典》皇皇巨制的皇家气派，又表现其历经沧桑的多舛命运。

在文献细节呈现方面，VR《永乐大典》兼顾版式、纸张的"虚静"之美和字体、插图的"动美"之秀，为了最大限度还原原始文献质感，制作团队将文献画面拆分为多个元素，在三维空间中对元素进行重新组合，以保留"真实"的质感。为表现《永乐大典》编书时间之长，制作团队以写意方式在背景中插入了春夏秋冬的四季流转画面和梅兰竹菊"四君子"等细节，不同主题画面采用不同旋律的背景音乐进行诠释。

在VR《永乐大典》的最后一个章节中，设计团队将《永乐大典》的书架飘浮于主画面周围，透过菱花双龟背纹饰的隔窗，营造阳光星星点点洒于满壁书册之上的效果，金灿灿的光芒照亮整个场景，以此显示古老与现代、历史与当下的交融。旋律悠扬的背景音乐彰显了"国运昌则文运盛"，经过几代国家图书馆学人的求索，今天的《永乐大典》受到了前所未有的重视和保护。

VR《永乐大典》让读者在获得感官愉悦的同时产生情感共鸣，并认同古籍文献的独有价值，从而进一步增强公众的古籍文献保护意识，以及对民族文化的归属感和自豪感，进而激发公众对中华优秀传统文化传承与发展的热情。

四、布局主题宣传矩阵，实现富媒体化传播

在 VR《永乐大典》的发布环节，为了让读者充分感受《永乐大典》的历史文化魅力，国家图书馆将 5G 边缘云计算的技术应用在服务中，保障了多用户并发、多线程提速、多终端稳定的效果。同时，国家图书馆还综合运用多种新媒体平台开展线上线下联动宣传，布局沉浸式阅读体验区，开发特色文创产品，配合智慧图书馆建设开展主题活动。

VR《永乐大典》以计算机二维、三维动画制作和 VR 摄像机拍摄的视频画面为基础，使用者在网络环境下，可通过电脑屏幕、手机、VR 手柄等设备自主控制视角，在全景虚拟环境下观看视频。VR《永乐大典》采用了影视级制作引擎，以电影级别的 3D 立体、4K/8K、60fps 高清晰度与高帧率输出视频，保证了作品内容的高质量呈现。策划团队自主研发了全景视频适配技术，一次制作、多向分发，搭建泛终端传播体系，涵盖 270° 三折幕大屏、智能电视中屏和 VR 眼镜小屏。因此，该作品具有广泛的服务适应性，适用于公共文化空间、家庭文化空间和个人文化空间，能够满足不同受众群体的阅读和观看偏好。

在线上宣传中，国家图书馆通过官方微信公众号、官方微博、微信视频订阅号、抖音号、"网络书香·阅见美好"小程序进行内容推流，联合各地方图书馆，运用线上专题、微信转发等方式，实现对该项目的全国联动宣传。在线下宣传中，国家图书馆利用新阅读空间 270° 环绕的 LED 三折屏幕和"阅读树"设备对 VR 视频进行循环展播，打造"沉浸式"阅读体验。同时，国家图书馆（国家典籍博物馆）通过主办"珠还合浦　历劫重光——《永乐大典》的回归和再造"展览，推出了永乐大典文房三件套、永乐大典传世经典笔记

本、"贵人不忘事"折叠便签本等多类文创产品。国家图书馆还利用文化文艺小分队下基层活动、"春雨工程"公共数字文化走基层等活动，前往革命老区、革命圣地开展 VR 古籍文化惠民活动，把 VR 视频服务送到基层，让公众在参与体验中增加对古籍的亲近感。

5G 全景 VR《永乐大典》作品一经推出，便引发众多媒体的关注，受到《新闻联播》等节目的报道。在掀起新闻热点的同时，该作品也得到全国各级文化机构的关注，荣获了第五届中国出版政府奖提名奖和全国文化和旅游装备技术提升优秀案例。协同联动的《永乐大典》主题宣传矩阵促进了古籍的分众化、社会化传播，让观众能够多层次、多角度地感受中华典籍与文明的深厚与灿烂。

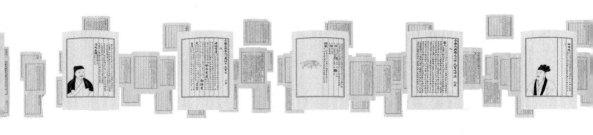

第五章

国家图书馆《中华传统文化百部经典》VR

虚拟现实技术以其独特的沉浸感、交互性、想象力和洞察力等特征，被广泛应用于图书馆、文化馆、博物馆等文化记忆机构的数字内容收集与呈现活动中。本章选取国家图书馆打造的"中华传统文化百部经典 VR"作品，以中华传统文化百部经典的全景化呈现作为重点研究对象。

第一节　作品创作思路

2024 年国家图书馆打造了《中华传统文化百部经典》VR 制作项目，聚焦《中华传统文化百部经典》文本内容的经典性、权威性、可读性，挖掘品牌衍生、孵化价值。

《中华传统文化百部经典》VR 项目依托《中华传统文化百部经典》编撰项目的建设成果，深度挖掘项目建设历程，运用现代化的虚拟现实技术，将中华优秀传统文化的独特魅力呈现在大众眼前。项目立足"中华传统文化百部经典"项目，以"激活经典、熔古铸今、立足学术、面向大众"编撰宗旨为着力点，进行全方位的诠释与解读，结合全息影像虚拟现实技术，展现《中华传统文化百部经典》项目历程，展示《中华传统文化百部经典》出版成果，呈现高水平的编纂和撰写团队阵容，凸显编纂体例，引导大众阅读原典，普及经典。《中华传统文化百部经典》VR 项目流程为：组织撰写动画脚本，创作打磨分镜头脚本，确定动画风格与主要元素，场景搭建、渲染，以及最终的项目测试与发布。《中华传统文化百部经典》VR 项目最终输出二维与三维版本，适配国家图书馆北区三折环屏幕、电脑、手机、VR眼镜等多端设备联动发布，为经典普及，引导全民阅读、创新阅读方式，以及传承和弘扬中华优秀传统文化开通新渠道，进一步发挥"以文化人"的作用，让书写在古籍里的文字真正活起来。

第二节 可视化虚拟再现历史时空

一、场景设计（空间、建筑、物品）

中华传统文化百部经典VR项目运用了虚幻5引擎与PBR次世代建模技术完成开发制作，画面真实、细腻、流畅，打造了《中华传统文化百部经典》丛书展示厅、荣誉厅，搭建虚拟活字印刷场景和科技阅读融合场景，模拟国家图书馆北区建筑主体外观场景（图5-1）。

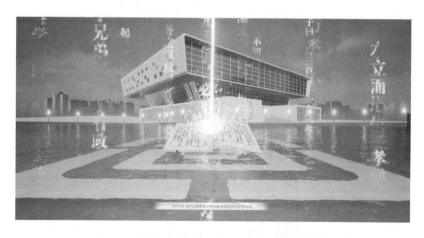

图5-1 《中华传统文化百部经典》VR视频开篇

展示厅背景中的书架在搭建时参考《四库全书》的原架与原函的图片素材，注重展现中华优秀传统文化的博大精深和浩如烟海；地面铺设的砖石，质感逼真、纹理自然；虚拟展厅内的自然光、环境光、折射光等贴近真实。

近景漂浮典籍，模拟真实书本材质肌理，翻书动画流畅自然，总建模数量超过了100例，场景还原度高，光线处理完善，能精确地反映光与物体表面互动。

高精度国家图书馆北区场馆建筑主体建模，突出真实和史诗感，水面映出国家图书馆标识，空间中特效流光字体特效，远处的城市场景增强空间感，使画面更饱满，空间更立体。同时，画面引用了"传送门"的设计，传送光环使用五种不同粒子特效展示、地面及周边光效使用"光线追踪"，为读者模拟穿越时空的位移、眩晕的奇妙感受，实现古代典籍到现代读物之间的切换。

打造4K天空球场景（图5-2），模拟真实大气环境，反映了真实大气环境效果和动态云，营造高保真细节，渲染实时场景，突显中华优秀传统文化气象万千，辐射范围之广。

图5-2　《中华传统文化百部经典》VR天空球场景

二、视觉设计（造型、动态）

在文化创意方面，《中华传统文化百部经典》VR科技阅读融合场景中，深度思考了《中华传统文化百部经典》中蕴含的中华优秀传统文化，运用写实手法表达中华优秀传统文化与科技的融合，以竹简寓意中华优秀传统文化，以日晷模型寓意时光流转（图5-3），以穿戴智能设备寓意新的阅读模式，彰显中华优秀传统文化源远流长。

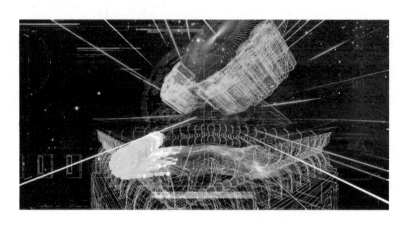

图5-3　《中华传统文化百部经典》VR日晷场景

音乐的引入增强了空间的沉浸性和时间流动性，激发参观者内心深处对历史的情感，从而实现从身体到心灵的触碰，再让情感卷入全方位的交互式叙事。

在视频剪辑上，整体画面凸显大气、端庄、厚重的视觉效果。项目采用了虚拟现实视频与常规平面视频混合制作，结合运动镜头突出主体，增强趣味性，提升观赏体验。

三、内容设计（主题、元素）

第一部分"文明长河　卷帙浩繁"（图5-4）聚焦中华民族创造的文化灿若星空。错落有致的书柜上陈列着百部经典书籍，画面中心展台上的古籍纷纷升空后，其中一本百部经典作品翻页打开，后方空中隐约出现自右向左渐隐消失的古籍文章，以此作为开启百部经典世界的大门。书本缓缓打开后，书本中间出现金色传送门，引领观众进入百部经典的世界。

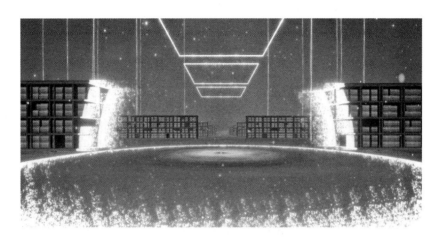

图5-4　《中华传统文化百部经典》VR "文明长河　卷帙浩繁" 篇章

　　第二部分 "熔古铸今　传承经典" (图 5-5) 聚焦《中华传统文化百部经典》编纂项目启动。微弱的流光效果中溶解出宏伟的国图主建筑，空中自上而下打下一条光柱，古籍线装书模型缓缓展开，飞散出金色粒子，粒子中间夹杂着古籍中的文字缓缓飘向上方，渐渐融合组成中华传统文化百部经典书本样式，寓意对经典的激活。

图5-5　《中华传统文化百部经典》VR书本展示图

第三部分"积众人力 集百家长"（图5-6）以古代活字印刷技术为背景，呈现百部经典项目豪华编纂阵容。活字印刷墙从空中自左到右特效展开，活字印刷版上陆续切换作者名和作品名。

图5-6 《中华传统文化百部经典》VR活字印刷图

第四部分"推陈出新 古为今用"（图5-7）聚焦"导读提纲挈领，原典精选底本，注释明白晓畅，点评画龙点睛"。VR作品选取百部经典作品中一段有代表性的文章打开后将导读、原典、注释、点评四个位置依次做高光发亮展示，书前卷末也给出图片素材进行讲解，旁批从书中浮出，奖杯从空中渐隐出现，同时展柜用特效自下而上显现，奖杯缓缓落在展柜上，所有奖项及报道以奖杯为中心点依次向两边展开出现。

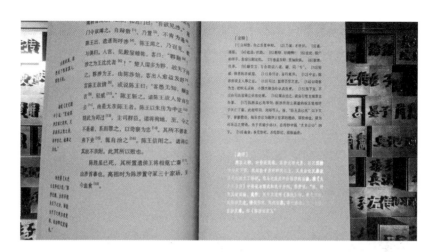

图5-7　《中华传统文化百部经典》VR书本导读图

第五部分"众人拾薪　殊荣累累"（图5-8）搭建百部经典项目荣誉展示厅，背景更换为红色配合鎏金花纹，以"百部经典"标识作为主体，点缀山河、云海、长城等中国风元素，展示百部经典项目的各项荣誉、媒体报道、大事记等，以图片素材+精美画框模型展示的形式，配合渐隐、溶解、粒子特效等不同方式渐变出"国家之魂，文以化之，文以铸之"几个大字。

图5-8　《中华传统文化百部经典》VR书页特效图

第六部分"融媒宣推　经典普及"（图 5-9）聚焦"编纂工作办公室正在通过多种形式开展宣传推广，推进经典普及，引导全民阅读"。以中国传统花纹相框（中国传统风格）为背景，陆续从不同角度的动画特效带出宣传推广的相关素材图片。

图5-9　《中华传统文化百部经典》VR成果宣传图

第七部分"时代经典　智慧阅读"（图 5-10）的背景墙色调切换呈科技感，以 VR 眼镜为中心旋转变换用户视角，从古书《史记》模型渐变为科技网格兵马俑模型，衔接空中渐隐出现的现代版本百部经典图书模型、VR 眼镜模型和蓝色头像剪影，三个元素融合后变为国图主建筑卡片。

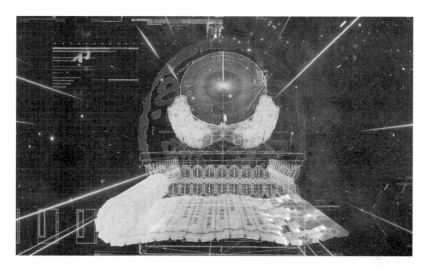

图5-10　古书模型图

　　第八部分"智联未来　经典永恒"（图 5-11）聚焦"百部经典，就是要在古人和传统的基础上，创造属于我们这个时代的、无愧于前人、与中华民族伟大复兴相适应的新时代文化经典"，展示《中华传统文化百部经典》编纂项目相关节点的重大活动素材，包括但不限于展览、发布会、采访、宣传片、阅读推广活动等相关素材以及各项荣誉（包括奖杯、奖状）。

图5-11　国家图书馆馆舍虚拟场景

第三节　虚拟现实重构创作的要点

一、历史的真实还原

以古籍为主题的新型创意作品与其他主题不同，需要对中华优秀传统文化进行重新演绎，从而最大限度地还原真实的历史内容。我们在后期重构原画卷的过程中注重呈现建筑物品的层次，在此基础上添加了一些其他元素，如天空、河流、建筑和各种动态人物。这些元素的设计都需要以真实的历史背景为基础，艺术细节应符合历史年代的特征。因此，建设团队在创作的过程中采访了专业学科背景的团队，与技术、艺术、设计等相关领域专家进行深度研讨，共同分析古籍背景知识并确定设计方案，为后续的艺术发挥奠定基础。例如，大部分中国的传统绘画都注重写意画面虚实结合，注重留白，所以在虚拟现实的创作中，也需要将相关的写意部分转化为三维形式，在此基础上使空间更加立体和丰富。

二、舒适的用户体验感

沉浸感不仅强调身临其境的临场感，更注重为用户创造良好舒适的体验。基于自身的建设经验，我们认为 VR 视频的时长应控制在 10 分钟以内，因此不会导致眩晕等不适感，建筑的比例需要与真实物体的比例保持一致，VR 视频的移动速度不宜过快，大约为正常速度的 1/4 即可，交互界面需简洁明了。

三、生动性与深刻性相结合

古籍类虚拟现实作品能够给读者提供生动有趣的观感体验，但更重要的是其寓教于乐的属性，既迎合时事热点，又传递古籍基础知识，让用户在趣味体验中，增加对中国传统古籍的兴趣。

四、民族情感记忆的唤起

将情感沉浸作为虚拟现实叙事的内核，以中华优秀传统文化和社会主义核心价值观作为精神内核，并将其注入虚拟现实作品中，可以唤起民族情感、建构集体记忆。框架设置、数字媒介技术、互动模式、实景复原等技术，拉近了观众与历史场景的心理距离，积极利用叙事框架，可以唤起公众对历史的感知，彰显古籍特色和优势文化资源。

第四节　产品优化路径

一、全面盘活历史资料，充分定格历史瞬间

统筹发展，全面提升古籍数字化整理质量。加大古籍数字化存藏经费投入力度，极大改善了古籍数字化条件，提升了复合型专业人才的培养力度。未来，应加大对古籍数字化出版发行工作的投入和关注力度。

与时俱进，积极创新古籍数字化发布形式。加大与科研企业、技术公司的合作力度，以新兴技术加速古籍文献的数字化整理进程，缩短古籍修复整理周期，与时俱进生产高质量内容产品。

二、建立古籍知识关联，全面把握历史逻辑

标准先行，开发统一管理接口。完善古籍资源数字化标准，建立跨平台、跨数据库的统一接口，实现跨平台资源检索和使用，提升知识单元的细粒度呈现水平。

加强开放，实现多源数据的共建共享。开放共享或会员制服务能够统筹线上线下渠道积极推广，让更多人利用古籍数字资源库。

三、打造元宇宙阅读空间，带动感知全景时空

增强感知，强化多元视觉体验。从古籍类新型阅读产品入手，构建专题化、系列化内容，策划长线内容产品，致力于开发基于 AR、AI、MR 等多种技术的阅读体验，强化人的多重感知。

视觉把控，打造元宇宙虚拟时空（图5-11）。探索虚拟游戏、IP 开发等手段，丰富数字文化创新。借助文旅融合方式，重构古籍文献历史场景，实现阅读欣赏与沉浸式体验的完美结合。

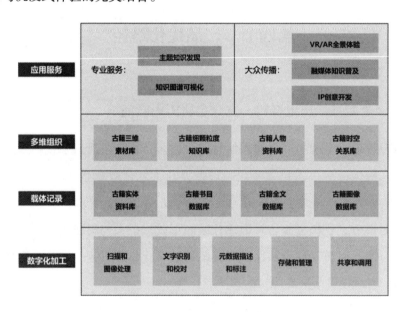

图5-11　元宇宙阅读空间建设场景

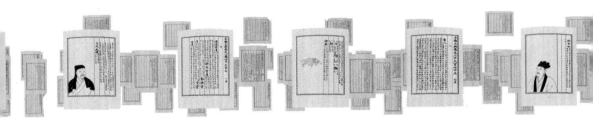

第六章

古籍数字作品的关键构成要素及

条件组态分析

古籍数字作品可以充分挖掘古籍中的有趣内容，充分发挥新媒体展示传播优势，以小见大，创意传播，带公众换个视角看古籍，了解不一样的古籍故事。本章以古籍类短视频为例，分析古籍数字作品生成的影响因素和传播逻辑，从抖音平台选取合适的多样本案例，采用定性比较分析的实践研究方法，分析古籍类短视频的关键构成要素及条件组态要素，理解古籍类短视频的生产与传播实践，并试图探索更深层次的社会文化结构关系。

第一节　方法选择

本研究发现，鲜有从古籍短视频构成要素的角度展开的研究，所以选用定性比较分析法（QCA）。QCA 具有定性研究和定量研究两者的优势，既具有"案例导向"的定性，又有"变量导向"的定量。QCA 样本量不大，适合分析中小型样本，绝大部分案例在 10—60 个。这一特点满足定性研究进行深入观察的需求。

按照 QCA 方法，本研究以相关符号理论和现有经验为基础，结合短视频平台特性，共设定 1 个因变量，并按"内容"和"情境"区分，每项各设 5 个自变量，见下表。

一、因变量与自变量设定

本文将因变量设定为古籍短视频的点赞量，自变量按照"内容"和"情境"

进行划分。

内容自变量有以下四个。

第一，题材类别。理解性题材赋值为 [1]，感知性题材赋值为 [0]。理解性题材即专业程度高，具有严谨的逻辑体系，包括科学科普、人文社科、财经、健康卫生等；感知性题材即基于个人经验积累对外部世界和个体自身的解释和共情，例如技术技能等。

第二，公共思想。"公共议题"赋值为 [1]，"个人视角"赋值为 [0]。

第三，审美元素。短视频中出现显著审美符号指征的古籍吸引物赋值为 [1]，反之赋值为 [0]。

第四,情感类型。正面情绪赋值为 [1],负面情绪（悲伤、愤怒、紧张、焦虑、痛苦、恐惧、憎恶等）赋值为 [0]。

情境自变量有以下三个。

第一，技术包装。有包装赋值为 [1]，反之赋值为 [0]，统一包装包括有统一封面、固定开头、配乐、花字动画等。

第二，内容提供者。提供者具有官方账号属性赋值为 [1]，业余爱好者赋值为 [0]。

第三，风格特征。将风格表征分为严肃理性和轻松幽默两个维度，严肃理性赋值为 [1]，轻松幽默赋值为 [0]。古籍修复技术等科学知识，通常在呈现方式上是严肃理性的；一些知识可能会通过轻松幽默的方式呈现，这也能反映出知识向通俗化、泛娱乐化方向发展的倾向。

二、案例选取

本研究在抖音短视频平台检索"古籍"关键词，在参考抖音话题榜"古籍""寻找古籍守护人"排行榜的基础上，综合考虑点击量、发布量和收藏量，选取抖音短视频平台 2024 年官方数据报告以及古籍相关话题为研究对象，以截至 2024 年 5 月 10 日实际产生的播放量数据为标准，筛选出 30 个短视频内容提供者纳入最终研究样本（表6-1），符合定性比较分析法 10—80 个样本量的要求。

表6-1　古籍类短视频内容提供者典型案例

1. 古人云	2. 舍溪	3. 李子柒	4. 历史派
5. 四月	6. 李清照	7. 杉泽	8. 令颜欢
9. 画画的燕子	10. 歪果仁研究协会	11. 一禅小和尚	12. 楚淇
13. 大唐怪奇笔记	14. 参商	15. 秦时明月	16. 金坛古籍
17. 姜小黄	18. 中医古籍	19. 观心馆长	20. 识典古籍
21. 古籍宝藏	22. 历史小纸条	23. 今日头条	24. 吟影的典故画廊
25. 国家图书馆	26. 趣玩科技宅	27. 夜楼阁文纪	28. 赵健的读书日记
29. 闲人笔寄	30. 神奇造物世界		

第二节　关键构成要素及条件组态分析实践过程

一、变量校准

QCA 分析首先要对原始数据进行校准，目的是将数据转化为符合布尔逻辑运算的模糊集合。参照 QCA 研究的主流做法，除非有明确的理论依据或实践经验，一般数据均采用客观分位数确定锚点。本研究条件变量采用清晰集作为全部从属、全部不从属的两个锚点，而结果变量点赞量采取四分位法即 25%、50%、75% 进行校准，对应的锚点分别是 0.09285、0.6788、11.4，将结果变量校准，使其转化为 0 到 1 之间的集合数据（表6-2）。

表6-2　清晰集与模糊集

清晰集	三值模糊集	四值模糊集	六值模糊集	连续模糊集
1.0= 全部从属	1.0= 全部从属	1.0= 全部从属	1.0= 全部从属	1.0= 全部从属
0.0= 全部不从属	0.5= 既非全部从属，也非全部不从属	0.67= 稍从属	0.8= 极度从属	稍从属：0.5 < Xi < 1.0

清晰集	三值模糊集	四值模糊集	六值模糊集	连续模糊集
0.0= 全部不从属	0.33= 稍不从属	0.6= 有点从属	0.5= 中间点，既不是"从属"也不是"从属"
	0.0= 全部不从属	0.4= 有点不从属	稍不从属: 0.0 < Xi < 0.5
		0.2= 极度不从属	0.0= 全部不从属
		0.0= 全部不从属	

二、单条件必要性分析

单条件必要性分析通过探析模型中的单条件变量与结果在集合上的关系，防止分析结果中必要条件的缺席。从集合论的角度即为通过必要性检验验证结果集合是否为条件集合的子集。本研究首先检验前因变量即单条件及其非集是否构成结果变量传播效果的必要条件，利用 fsQCA3.0 软件对各个条件的存在与缺席是否为"强传播效果"和"弱传播效果"的必要条件进行检验，结果如表 6-3 所示。

表6-3　传播效果的必要条件分析

前因条件	强－点赞量		弱－点赞量	
	一致性	覆盖度	一致性	覆盖度
tclb	0.615603	0.434	0.71195	0.566
~tclb	0.384397	0.542	0.28805	0.458
ggsx	0.448227	0.451429	0.483019	0.548571
~ggsx	0.551773	0.48625	0.516981	0.51375
smys	0.685106	0.536667	0.524528	0.463333
~smys	0.314894	0.37	0.475472	0.63
qglx	0.807801	0.474583	0.793082	0.525417
~qglx	0.192199	0.451667	0.206918	0.548333
jsbz	0.88227	0.4976	0.789937	0.5024
~jsbz	0.11773	0.332	0.210063	0.668

续表

前因条件	强－点赞量		弱－点赞量	
	一致性	覆盖度	一致性	覆盖度
nrtgz	0.72766	0.513	0.612579	0.487
~nrtgz	0.27234	0.384	0.387421	0.616
fgtz	0.443262	0.367647	0.676101	0.632353
~fgtz	0.556738	0.603846	0.323899	0.396154

注：符号 ~ 表示"非"。

表 6-3 数据显示，所有被检验的前因条件覆盖度均小于 1，表明题材类别、公共思想、审美元素、情感类型、技术包装、内容提供者、风格特征均为传播效果的前因条件，不予以删除。同时，在强传播效果中，所有前因条件变量均小于 0.90 的阈值，表明所有前因条件不能成为构成强传播效果的必要条件。

三、条件组态的充分性分析

通过 fsQCA3.0 真值表标准化分析运行结果，可以得到以强传播效果为结果变量的模型中间解，如表 6-4 所示。

表6-4　以"点赞量"为结果的中间解

--- PARSIMONIOUS SOLUTION ---			
f 点赞量 frequency cutoff：1			
consistency cutoff：0.8			
	raw coverage	unique coverage	consistency
tclb*~ggsx*~smys*~qglx	0.068794	0.068794	0.97
~tclb*ggsx*smys*qglx	0.070922	0.070922	1
solution coverage		0.139716	
solution consistency		0.985	

由表 6-4 所得高传播效果组态的中间解，可确定影响传播效果水平的潜在核心条件构型有 2 个。

表6-5　强传播效果的充分条件组态分析

前因条件	内容		形式
	S1	S2	X3
题材类别	●	×	
公共思想	×	●	
审美元素	×	●	
情感类型	×	●	
技术包装			●
内容提供者			●
风格特征			×
一致性	0.97	1	0.905
原始覆盖度	0.068794	0.070922	0.5
唯一覆盖度	0.068794	0.070922	0.5
总体一致性	0.985		0.905
总体覆盖度	0.139716		0.5

注：●表示核心条件存在，× 表示核心条件缺席，"空格"表示该条件存在或缺席均可，下同。

表 6-5 数据显示，一致性指标用于衡量现有组态与成功案例相一致的程度，一致性水平越接近 1 则一致程度越高，一般要求不得低于 0.75 的阈值。本研究总体组合解的一致性为 1，且总体覆盖度为 0.5 和 0.13，达到可接受的标准。

第三节　关键构成要素及条件组态分析结论

一、感知性题材*公共议题*古籍吸引物*正面情绪

内容上，强传播效果路径强调感知性题材，并且从个人视角出发，加入古籍吸引物元素抒发积极情感。内容创作选取能够引起读者共鸣且具有情感

色彩的题材，方能吸引读者注意力，并实现信息有效传播。除了从个人视角出发选择合适的题材，还可以将古籍吸引物元素融入其中以抒发积极情感。古籍蕴含丰富文化底蕴和历史价值，在视频中引入古籍元素可增加厚重感和文化底蕴，并让读者更深入了解相关历史文化知识。在整合古籍吸引物元素时，亦应注重积极情感表达。情感是人类共同的语言，能产生共鸣并增强信息传播效果。因此，在内容创作中可通过讲述动人故事、援引经典语句等方式来表达积极情感，进而激发读者共鸣并推动信息传播。

内容创作中，选择感知性题材、整合古籍吸引物元素，以及抒发积极情感是实现信息高效传播的关键路径。有效运用这些手段才能使内容更具吸引力，并最终达到信息传播目标。例如，"历史派""古人云"等理解性短视频的创作对专业度要求较高。而感性知识的分享往往聚焦社会热点，通过社会心理学分析的方式，将古籍知识与社会议题进行结合。例如，"一禅小和尚"借助古籍分享人生哲理与生活智慧。古籍类短视频的内容提供者一般具有一定的古籍专业知识背景，长期深耕古籍内容挖掘工作，也有一定的社会认可度，因此其作品具有强烈的个人风格。例如，"李子柒"通过古风美食制作形成极具特色的个人身份标识，"楚淇"借助古风变装打造了个人标签。同时，古籍类短视频需要定期更新和维护才能得到更多关注。例如，"赵健的读书笔记"的更新频率较高，因此形成了一定的用户黏性。

二、技术包装＊官方账号＊轻松幽默

强传播效果路径在形式上注重短视频技术包装，并且要有官方认证，风格特征偏轻松幽默。

在强传播效果路径中，短视频技术的包装成为至关重要的环节。巧妙地运用短视频技术，可以使内容更加生动有趣，从而吸引更多用户的关注和转发。除了重视形式外，拥有官方认证也是一个重要因素。官方认证账号不仅能提高账号权威性和可信度，还能获得更多用户支持。对于一些重要信息和事件来说，用户更倾向相信官方认证账号发布的内容，而非来源不明的信息。官方账号与个人账号往往会形成差异化竞争。例如，国家图书馆作为国家级的古籍保护机构，其官方账号更加注重社会影响力，其营造良好宣传氛围的风格与其他个人账号的独特风格形成互补。

在强传播效果路径中，风格特征也是关键因素之一。轻松幽默的风格通常更容易吸引用户的注意力和好感，并促进内容传播与分享。在某些社交平台上，幽默风趣的短视频往往能够获得更多点赞与评论，并扩大其传播范围。

综上所述，在强传播效果路径中，应在形式上注重短视频技术包装，并且拥有官方认证，风格特征偏向轻松幽默的内容更容易在用户间进行传播与分享。在信息时代，掌握这些要素才能够实现有效传播与营销。例如，"趣玩科技宅"通过轻松的动漫方式讲解古籍知识，将三维建模动画元素等融入视频创作当中，且视频更新保持了一定的频率，采用非常客观的口吻来分享古籍的知识和书籍使用技巧，非常珍贵的历史资料也能增强真实感。

古籍的知识价值永远是第一位的，需要长期的积累和沉淀。古籍宣传机构应摒弃娱乐至死的思想观念，对古籍类数字作品抱有客观公正的态度，以正确引导其发展。作品内容不应是碎片化的拼接，而是能够通过不同的组合构成系列化的体系，并与其他国际数字作品形成呼应。古籍的内容生产需要更加专业的把关，平台也要给予一定的扶持力度来保证优质古籍资源内容的流动。

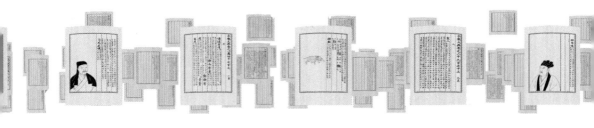

第七章
古籍新型数字资源的建设路径分析

第一节　鲜活话语体系助推古籍内容表达

一、"求真—做深—活化—延展"的开发链

古籍资源的开发利用，不仅要"求真"，即尊重古籍文化，通过专家访谈、科研合作、专项采集数据等方式，建立权威的古籍保护体系；更要"做深"，充分挖掘古籍文本内涵，通过延线—扩面的方式丰富古籍现代精神解读，让读者通过多元技术了解古籍的前因后果和文化脉络；还要"活化"，通过 AI、虚拟人、AR、VR、3D 等新技术增强互动效果，让用户更好地感受历史文化，传播古籍智慧；更要"延展"，把古籍文化核心资源与文创产业对接，积极发展文化商品和参与性娱乐，做大做强古籍文化产业。

二、"高冷"古籍的"鲜活"生活化叙事

近年来，聚焦古籍的纪录片和文化类综艺节目层出不穷。《典籍里的中国》采用"戏剧＋影视＋文化访谈"的形式，在三重叙事空间中将现实、历史与古今对话表现出来，其中《尚书》《楚辞》等经典名篇的点击量达数亿次，成为现象级的文化综艺产品。2022 年，首部中华古籍活化纪录片《穿越时空的古籍》上线，纪录片以学者和古籍修复专家为叙事核心，再现古人晒书场景，演绎能工巧匠的精深技法，展示古籍装帧中的"黑科技"，讲述名家逸闻趣事和工匠精神，以生活化的灵动故事来讲述古籍，让束之高阁的古籍逐渐"鲜活起来"。除此之外，《但是还有书籍》《中国影像方志》《古书复活记》等纪录片或节目也深入人心，"春兰秋菊""栗糕""螃蟹羹"等古籍中的佳肴更展示了古人生活的真实与风雅。

古籍除了知识性、学术性和科普性让人受益匪浅之外，故事性和生活性也逐渐吸引更多观众的目光。文化综艺类节目充分运用故事情节和场景叙事还原历史，激发观众对于传统文化的好奇与兴趣，唤起年轻人对中华优秀传统文化的传承。但是，文化类综艺节目往往拘泥于纪录片、文化访谈、场景还原等形式，为了更好地推广古籍文化，可以充分引入 XR 技术，通过营造"沉浸式体验"的良好氛围，为更好传播古籍文化提供新的思考方向。在用户层面，XR 技术可以搭建不同的古籍社群，通过社群文化传播增强用户黏性，激励用户自主探索开发古籍资源，拓展古籍内容消费与体验范畴。

三、以古籍IP为中心的场景化内容生产

"场景"原指戏剧类作品中的特定场面，后来这一概念逐渐应用于传播学领域。随着 XR 技术在文化艺术创作领域的应用，场景概念更多应用于虚拟内容生产，即通过搭建虚拟场景，提升用户感官体验。场景创设主要包括两个方面：一是内容场景的创设，设计虚拟阅读场景，促进用户的感情沟通和价值认同；二是用户场景的创设，基于用户数据和网络行为，搭建用户关系模型，针对不同用户特征提供个性化内容推送。

古籍的场景内容生产包括内容设计、场景设计、用户交互、情感互动四个部分。内容设计主要是针对古籍吸引物 IP 的开发，从古籍内容出发，以故事内容、古籍人物角色、特色插图为中心，进行跨媒介的深度开发，形成 IP 依恋。例如，在动漫领域，哈利·波特、迪士尼等 IP 的成功开发融合了影视作品、动漫、游戏、服装、文创等多种消费场景，聚合了用户需求，深度嵌入用户日常，形成了稳定的粉丝主体。场景设计指通过三维空间搭建、语音互动、空间感知等技术实现内容的场景化呈现。用户交互指用户在场景中与其他用户实体或其他程序进行虚拟互动。情感互动指通过线上感知与线下感知匹配用户个性需求与服务，建立有效的用户情感连接。在碎片化阅读的背景下，具身感知和多维交互成为重要潮流。具身认知理论认为，身体是重要

的媒介物，通过介入不同环境，可以实现与环境的交互。XR技术将现实世界获取的体验移至虚拟空间，创设不同场景和特色鲜明的文化标签，让读者产生强烈的情感认同和文化社群感，继而引发场景内容消费与再生产。

四、打造古籍的表达新美学与情感认同

审美是人们对世界的综合感知，往往借助形态、色彩、表演、配乐、节奏等表达特色文化形式和风格。从美学角度看，XR技术主要采用抽象化的表达与虚拟情境的创设来构建幻觉色彩和意境，强调想象力的发挥，营造"出幻入实"的美学符号，并通过三维、动画、MR等形式完成立体视觉呈现，细化古籍文本数据的检索、三维的立体展演和漫游式知识发现。

古籍本身涉及文学、艺术、绘画、舞蹈等多个门类，在书法、版刻、装帧、绘画、文学内容和意境等方面具有独特的美学价值。中国传统文化IP大多取材于古籍资料中的文学经典和民间传说，具有独特的东方审美，对坚定文化自信，推动审美积淀有重要意义。古籍表达中的内容叙述往往是扁平化和概念化的，多呈现感性的特点。因此，在XR的技术表现环节就需要注重构建符合时代性的情节叙事框架，在美术造型设计方面，既要借鉴和融合古今中外的经典造型元素，又要充分尊重古籍原著元素，遵循传统美学，凸显古风，为古籍的现代化艺术创作提供新思路。

古籍推广的最终目标是建立与读者共同的情感认同，XR技术在视听层面具有丰富的美学张力，可以更好地驱动古籍自身的审美表征，融合真实与抽象技法，还原古籍的形与神。古籍类XR作品的设计，不能只关注形而上的浅层形式重构，还要关注深层的文化精神和内涵，将古籍背后的时代背景、风俗习惯、地域特色、审美情趣与当代价值体系相融合，让读者在感知中产生共情与共鸣，激发读者对古籍的认同感和传播古籍文化的责任感，让文化的传承超越时空的限制。

第二节　IP挖掘打造特色情感交互体验

一、打造古籍特色话语体系

好的宣传主题能够直接触及读者的心灵，引发共鸣和思考。在选择主题时，需要考虑读者的兴趣点、社会热点，以及古籍文化的核心价值，选择与当下社会问题、价值观念相契合的古籍内容，结合重要的历史节点和文化事件进行推广。深入剖析古籍历史背景，梳理历史事件和人物关系脉络，注重人物、服饰、器物、场景等细节的刻画，引入相关学科内容进行知识延伸，以拓宽文化视野。

二、借势新文化语境花式圈粉

从爆款的古籍类新型阅读产品入手，通过大数据、算法优化等新技术手段，提高优秀作品曝光率，为优秀作品吸引流量。例如，紧跟大众的"热梗"风向，借势知名 IP 与消费者共情，与艺术家联名跨界出圈，乘风"国潮"丰富品牌文化内涵，从而掌握打动年轻人的钥匙，实现古籍内容和读者的"双向奔赴"。

第三节　重点技术突破加速产品开发落地

一、推动古籍关键技术研发与应用

保护技术层面，在古籍纸质文献酸化老化脱酸增强、纸质文献技术鉴定、古籍与近代文献修复材料研制等方面开展系统研究。数字技术层面，推进语义网、机器学习、自然语言处理等技术在古籍文献智能标引、深度知识挖掘和专题知识图谱构建等方面的实践应用。注重利用虚拟展陈技术表现文献背后的故事，开发古籍虚拟环境，研发符合人体工学的新型穿戴设备，如升级硬件设备、优化软件系统、更新 VR 场景和交互设计等。

二、助力古籍与人工智能技术的结合

在数字化加工层面，构建国家级古籍语料库，整合各类古籍语料素材。在数字化服务层面，利用大模型技术打造古籍人机交互平台，实现古籍数字借阅、参考咨询、权限审批、数字展陈、读者服务功能的一体化管理等。例如，利用现有古籍语料，结合数据增强技术和深度卷积神经网络，设计图像识别模型，通过众包平台、人工校验和专家审核等方式推进数据语料集的学习任务。

第四节　内容独创推动系列文化品牌推广

一、促进古籍跨界合作生态建设

不同互联网平台、社交平台往往拥有自己特定的粉丝群体，古籍存藏机构可以通过与影视、游戏、动漫等文化产业合作，将古籍数字内容融入相关产品，实现文化价值的多元化呈现。例如，与学校、图书馆等教育机构合作，开展古籍数字化内容的推广和教育活动，提升品牌的社会影响力；结合文旅资源，将古籍数字化内容与旅游线路、热门景点相结合，打造文化旅游品牌，吸引更多游客。

二、打造有个性的古籍品牌形象

关注古籍数字活化的品牌定位。明确自身的特点，突出传统文化元素，

如中式元素、传统手工艺、古籍相关故事、特色景点等。利用多种方式宣传及推广品牌，如网络、电视、广播和报刊等多个渠道，形成品牌的知名度。利用大数据收集用户的需求，在构建用户画像的基础上，匹配个性化服务场景，从而提升古籍存藏机构与用户之间的关联，建立更牢固的情感纽带。

第五节　顶层设计部署古籍工作发展方向

一、强化基础设施与配套体系建设

贯彻落实相关政策文件，出台激励数字技术赋能古籍资源创新发展的政策文件及规范化标准化的法律法规。逐步完善数字基础设施建设、行业规范标准、技术标准、人才配套等微观实施细则，制定出台古籍知识内容标引标准，在元数据规范、技术选型、平台功能等方面进行统一规划，加快推进数字化应用场景，创新发展数字技术赋能古籍资源的新业态、新模式。开发技术基础设施，实现数字古籍数据存取、确权、高效访问、实时分析等全生命周期的管理。加强用户引导，完善虚拟世界的各项管理规章制度，杜绝用户不当言论及虚假信息。

二、加强古籍数字确权与交易监管

古籍数字化面临着资源确权、数据安全、伦理教育等方面的挑战，特别是用户个人信息和行为数据的保护。政府应出台有效的监管措施，防止信息的泄露和篡改。例如，利用区块链技术不可篡改和去中心化的特性，实现数据的加密处理，保证数据的安全流通。利用 NFT 身份验证及底层智能合约等技术，建立有效的身份监管体系，为古籍发布内容打上唯一的数字资产标识，从而实现古籍数字资源确权。

第六节 实践场景助力多元应用表达路径

在数字赋能的时代，图书馆适时推出了一批融合类古籍阅读产品，这些新型的阅读产品既具有古籍重大主题的特性，又表现了现代视听传播的独特性。

一、以叙事带表达，把控古籍故事的叙事逻辑

古籍史料浩如烟海，但历史久远，存在版本形态复杂、纸张毁损严重、内容淆乱的现象，由于时代相隔久远，语言、文字、习俗不断变化，很多古籍如果没有前人的注释，今人就很难理解。如何让古籍走进当代，融入当下，是古籍阅读推广的关键所在。

一是细化主题切入点，避免同质化问题。古籍资源的内容丰富，但同一视角容易出现雷同现象。例如，大部分针对古籍的介绍，多从作者生平入手，相关图文资料也难免出现同质化问题。因此，找到差异化的子主题切入就尤为重要。在古籍活化纪录片《穿越时空的古籍》中，主创团队就从宋朝美食佳肴、手工技艺、服饰文化、水墨画的艺术美感等角度出发，立体化还原古人生活，助力"小众"古籍走入大众视野。

二是注重呼应时代主题。伴随古籍的传统叙事符号和现代技术的不断融合，人的综合感官（视觉强化和听觉升级）得到调动，"重阅读过程，强场景感知"的新型内容生产方式开始出现。在内容生产环节需要进一步把握时代主题，走出古籍阅读推广的舒适区，关注青年群体的需求，理解亚文化、游戏化等现代传播特征。例如，在虚拟现实阅读产品中，设计用户身份、选择角色扮演等方式，既可满足阅读主体的娱乐诉求，又可将游戏逻辑融入内容

严肃的古籍阅读产品中，让用户在有仪式感的场景内实现"历史穿越"，增加具身体验感。

三是建立时代链接点。与传统的阅读推广话题相比，古籍阅读主题有丰富的历史宽度和时间厚度，阅读推广者需要更加关注古籍主题与当下社会话题之间的"链接"和"回应"，通过对古籍文献内容主题的挖掘，建立与当下婚恋、就业、升学等热点话题之间的联系，利用古籍人物和古籍故事拉近与当代青年的距离，缓解社会焦虑。例如，故宫博物院开发的《穿越故宫来看你》中，朱棣唱起了嘻哈，后宫娘娘还通过 VR 技术和皇帝见了面，指尖相触，喜笑颜开，整体风格应和了网络传播特点，抓住了年轻用户的共情要素，这些方式都让古籍故事找到了正确的打开方式，焕发了新的生机。

二、以感知带场景，探索全景视域的呈现模式

发布方式推陈出新。图书馆可以从爆款的古籍类新型阅读产品入手，开辟古籍类专题，提供基于产品的多种体验服务，形成专题化、系列化内容，为阅读推广平台引流。在建设过程中应摆脱数据和资源的简单聚合，策划长线更新的内容产品，从而产生持续影响力。另外，图书馆应致力于开发基于 AR、AI、MR 等多种技术的阅读体验，将内容策划、视频编辑和产品运营的营销理念相结合，在阅读推广活动中注重人的中心作用，挖掘人的多重感知。

注重视觉呈现方式的把控。虚拟现实背景下，古籍阅读推广视觉呈现的关键要素是打造 360° 的全景视域，传统视频叙事一般通过景别、构图、视点等进行视线引导，常用正反打镜头和连贯性的剪辑。但在全景视域下，观众可以在 360° 的视域下自由选择视角，一定程度上消解了特定的画面引导。因此，创作者需要探索新的画面布局，凸显画面重点。在听觉层面，全声道系统的使用可以强化对话声音、画外音、音乐和音效等元素；在叙事层面，VR 全景叙事一般以第二人称方式引导观众跟随动作指令转移视线，强化叙事效果。

三、以引领带示范，发挥古籍文化工程导向力

公共图书馆作为古籍阅读推广的主流渠道，在古籍普查、古籍修复、古籍数字化和古籍人才培养等各方面都取得了很多积极成效，在阐释古籍、传承中华优秀传统文化方面具有得天独厚的优势，公共图书馆应该最大限度地利用古籍进行创造性转换和发展，成为古籍阅读推广的核心力量。

伴随阅读推广话语权的转变，专业的文化机构不再是阅读推广的唯一发言人，图书馆作为古籍资源的重要保护机构，应在宣传推广中有所取舍，重新定位，转变资源建设和阅读服务发展观念，充分发挥参与国家重大古籍保护工程的引领作用和专业能力，不仅担当古籍资源的提供者，更要成为古籍内容的阐述者。在国家重大文化工程的重要节点上集中发力，借助资源优势实现服务创新，鼓励打造更多的古籍阅读新业态。同时，图书馆应抓住5G机遇，制定适用于古籍阅读推广的资源建设标准、服务标准、共享标准、技术标准等，全面覆盖虚拟现实阅读产品的制作、发布、维护、共享和应用的全过程。

四、以跨界带平台，坚守图书馆读者服务理念

古籍是压缩空间、凝聚时间的纸本艺术，古籍修复的过程也是重塑艺术作品的过程，在古籍的再造、影印和推广宣传过程中，读者的参与度不断加深，也催生了新的出版模式。

加强各界广泛合作。跨界合作是互联网时代的典型思维，图书馆可以通过构建智慧阅读共同体，打造新型智慧阅读生态网络，鼓励更多的社会力量参与全民阅读，促进知识融通。新媒体环境下，图书馆阅读推广是一项持续性、全民性、社会性的活动，古籍阅读推广工作不可能由一个部门单独完成，而是需要多部门、跨系统之间联动协作。在全民阅读理念的指导下，图书馆与出版机构、社会各界（包括政府部门、机关、技术公司、学校、媒体等）开展合作，可有效降低虚拟现实内容的制作成本，盘活古籍特色文化资源，启

发新型阅读产品的设计创意，实现效益投入最大化。

坚持守正创新。新技术是图书馆古籍智慧阅读推广的重要驱动力，但也容易出现过于倚重技术、刻意营造视觉奇观，而忽视了古籍自身特质的情况。在新技术不断发展的背景下，信息茧房、隐私安全等问题不断凸显，智慧阅读的伦理导向成为图书馆界关注的重点。数字阅读的内容不仅要可感可知，更要可信可靠，古籍阅读推广需要坚持守正创新，将古籍的表现形式和表达主题有机融合，依据古籍题材和主题进行内容建构，打造优质古籍阅读产品，真正让古籍阅读产品驾驭技术。

从目前的古籍阅读推广产品看，其主题涉及家国、社会、生活等方方面面，体现了一定的高度和格局，但对古籍知识的处理往往停留在浅层的介绍上，深层次探讨和分析的作品较少。在内容塑造和故事情节描述方面具有一定的模式化倾向，内容表现的深度不足。不可否认，加入一些网红元素，强化年轻化的定位，在短时间内会产生一定的流量效果，但从长远发展来看，古籍传承与推广更需凸显格局和定位。有效把握经典与潮流、小家与大家、传承和创新之间的关系，依托新技术，强化文化自信和家国情怀，在创新性方面一边做加法，一边做减法，才能不断挖掘技术与内容形神兼备的阅读资源。

智慧阅读时代，数字阅读的资源、载体和环境不断更新，随着虚拟现实相关技术体系的不断成熟，"古籍阅读推广+虚拟现实"拥有广阔的发展前景，其与新技术融合的场景也在不断变化，但背后"内容为王"与"以人为本"的核心思路并未改变，如何充分理解阅读主体的需求并通过技术手段推动古籍的内容叙事、视觉呈现、阅读共情和传播推广向着智慧化的目标发展，这是图书馆思考的母题。在古籍的智慧化阅读推广中，还要充分考虑古籍资源的特殊性和已有的阅读推广困境，在内容传播的过程中突破表象、层层细化、落到实处，从顶层设计、强化示范、打造标杆、系列建设、跨界合作、搭建平台、强化感知、加强伦理监督等方面采取针对性措施。